Vergessen kann man es nie ..

Klaus W. Tofahrn (Hrsg.)

Vergessen kann man es nie...

Erinnerungen an Nazi-Deutschland

PETER LANG

Frankfurt am Main · Berlin · Bern · Bruxelles · New York · Oxford · Wien

Die Deutsche Bibliothek - CIP-Einheitsaufnahme

Vergessen kann man es nie ... : Erinnerungen an Nazi-
Deutschland / Klaus W. Tofahrn (Hrsg.). - Frankfurt am
Main ; Berlin ; Bern ; Bruxelles ; New York ; Oxford ; Wien :
Lang, 2002
ISBN 3-631-38621-4

Gefördert und gedruckt mit Unterstützung von:
Evangelischer Kirchenkreis Dinslaken
Katholische Kirchengemeinden des Dekanats Dinslaken
Sparkasse Dinslaken, Voerde, Hünxe
Stadt Dinslaken.

ISBN 3-631-38621-4
© Peter Lang GmbH
Europäischer Verlag der Wissenschaften
Frankfurt am Main 2002
Alle Rechte vorbehalten.

Das Werk einschließlich aller seiner Teile ist urheberrechtlich
geschützt. Jede Verwertung außerhalb der engen Grenzen des
Urheberrechtsgesetzes ist ohne Zustimmung des Verlages
unzulässig und strafbar. Das gilt insbesondere für
Vervielfältigungen, Übersetzungen, Mikroverfilmungen und die
Einspeicherung und Verarbeitung in elektronischen Systemen.

www.peterlang.de

Der Wohlgemute, der sich stets dazu getrieben fühlt,
nach Recht und Gesetz zu handeln, ist heiter und stark
und ohne Sorgen bei Tag und Nacht.
Wer aber das Recht mißachtet und nicht seine Pflicht tut,
dem wird das alles zum Ekel, wenn er sich an irgendeine
seiner schlechten Handlungen erinnert;
er ist in steter Angst und verwünscht sich selber.
(Demokrit)

**Dieses Buch ist den unzähligen Opfern des
Nationalsozialismus gewidmet**

Notwendig ist die Sorge aller für die Freiheit.
Denn sie ist das kostbarste, nie von selber zufallende,
nicht automatisch sich erhaltende Gut.
Sie kann nur bewahrt werden, wo sie zu Bewußtsein
gekommen und in Verantwortung aufgenommen ist.
(Carl Jaspers)

Vorwort

„Vergessen kann man es nie...." so ist der Titel dieses Bandes, in dem die Erinnerungen von *Sophoni* und *Susi Herz* zusammengefaßt und zusammengeführt werden.

Es sind ergreifende Erinnerungen an das jüdische Schicksal im nationalsozialistischen Deutschland. Aber auch mehr.

- *Erinnerungen an das Schicksal der jüdischen Gemeinde in unserer Stadt*
- *Erinnerungen an die Waisenkinder, die in Dinslaken aufwuchsen und von dort am 10. November 1938 vertrieben wurden*
- *Erinnerungen an die Mitbürger jüdischen Glaubens, die das gesellschaftliche Leben unserer Stadt maßgeblich mitgeprägt hatten*
- *Erinnerungen aber auch an die Täter und an die vielen „unbeteiligten" Einwohner Dinslakens, deren Schweigen mit dazu gehört hat, daß es die jüdische Gemeinde Dinslakens mit dem Kriegsende nicht mehr gab*

„Vergessen soll man es auch nie....", dies wäre meine Antwort auf den Titel des Buches. Denn wie könnte ein selbstbewußter Umgang mit der eigenen Vergangenheit möglich sein, ohne die dunklen Seiten zu kennen, darüber zu sprechen und sich von ihnen anrühren zu lassen? Nicht das Wissen um die Fakten allein verändert die Haltung der Menschen, sondern die Eindringlichkeit, mit der sie das Geschehen von gestern in ihrem heutigen Leben nachempfinden können. Hier leistet gerade der einfache Bericht von *Sophoni Herz* Bemerkenswertes, wie wir seit seiner ersten Veröffentlichung durch die Stadt Dinslaken im Jahre 1987 immer wieder erfahren haben.

Wenn seine Schilderung nun mit der Lebensgeschichte seiner späteren Frau zusammen publiziert und in einen wissenschaftlichen Kontext gehoben wird, so ist dies eine historisch wertvolle Bereicherung, von der ich wünsche, daß auch sie sich ihrer Leserschaft bleibend einprägen möge.

Sabine Weiss
Bürgermeisterin der Stadt Dinslaken

Vorwort

Die Ereignisse um den 9. November 1938 sind vielfältig wissenschaftlich aufgearbeitet worden. Über die Kenntnisnahme historisch gesicherter Fakten hinaus bedarf es allerdings des Momentes der Anteilnahme seitens der Leserschaft, um Erinnerung vollziehen und Verantwortung wahrnehmen zu können.

Der Vorzug dieses Buches liegt m.E. darin, daß einerseits in Form von Interview und authentischem Erfahrungsbericht zwei überlebende Opfer des Holocaust als Zeitzeugen zu Wort kommen und so persönlich Anteil geben an dem Grauen, das ihre Biographie geprägt hat, und daß andererseits der Herausgeber es durch Anmerkungen, Exkurse und Glossar ermöglicht, eine zeitgeschichtliche Kontextualisierung vorzunehmen.

Beides zusammen hilft, das singuläre Ereignis des Holocaust zu konturieren und in unsere heutige Lebenswirklichkeit hinein „vorlings" zu erinnern (Kierkegaard 1995, S. 3). In der Tat muß das Gedenken an die Opfer einhergehen mit dem Einsatz für eine Gesellschaft, in der der Mensch dem Menschen nicht zum Wolf, sondern zum Nächsten wird. In diesem Sinne verstehe ich die Dokumente von *Susi* und *Yitzhak Sophoni Herz* als Vermächtnis.

Der Leiterwagen, auf dem am 10. November 1938 in Dinslaken Kinder des jüdischen Waisenhauses im Rahmen des Pogroms in dem von den Nazis so genannten „*Judenzug*" öffentlich zur Schau gestellt und durch die Stadt gekarrt wurden, ist für uns hier in der Region mittlerweile zu einem Symbol des Gedenkens und des Widerstandes gegen Antisemitismus und Rassismus geworden. Jahr für Jahr am 10. November versammeln sich an diesem künstlerisch gestalteten Mahnmal im Dinslakener Stadtpark Vertreterinnen und Vertreter der jüdischen Gemeinde, der christlichen Kirchen, der Kommunen, Schulen und Bürgerinnen und Bürger der Stadt, um deutlich zu machen, „*Wir wollen nicht vergessen!*", und das heißt, wir übernehmen heute und in Zukunft Verantwortung für ein menschenwürdiges Zusammenleben in unserer Stadt und unserem Land.

Möge auch die vorliegende Publikation in diesem Sinne wirken.

Pfr. Martin Duscha
Superintendent des Evangelischen Kirchenkreises Dinslaken

Vorwort

„Vergessen kann man es nie". Ein Satz, der für die prägendsten Ereignisse des Lebens seine Geltung hat. Ein Satz, der aber wohl besonders auch für die gelten muß, die unter den unvorstellbaren Unmenschlichkeiten Nazi-Deutschlands zu leiden gehabt haben.

Und diesem Nicht-Vergessen-Können muß ein Erinnern entspringen: die Erinnerung an dieses Kapitel deutscher Geschichte, das sich nicht nur auf der landesweiten politischen Bühne abgespielt, sondern bis in die Wirklichkeit jedes deutschen Ortes hineingewirkt hat – *auch in Dinslaken.* Der abschreckenden Kraft dieser Erinnerung darf nicht der Stachel genommen werden, sondern vielmehr muß die Erinnerung dafür dienen - und sie möge dazu beitragen - ein ähnliches Vergehen des Menschen unmöglich und unwiederholbar zu machen.

Um es mit den Worten einer Frau zu sagen, die die Ereignisse gegen ihr Volk nur mit körperlichen und geistigen Wunden, nicht aber mit dem Leben bezahlte: *„Für die Welt wünsche ich mir mehr Rücksichtnahme auf die Probleme der Anderen"* (Susi Herz).

Pfr. Josef Leenders
Dechant des Dekanates Dinslaken

Vorbemerkung

Der Nationalsozialismus galt noch vor wenigen Jahren als so gründlich überwunden, daß jegliche Gedanken an eine Wiederkehr abwegig erschienen. Um so mehr überrascht die gegenwärtige Entwicklung in der Bundesrepublik Deutschland. Dazu vier Anmerkungen:

1. *Eine von dem Kölner Soziologen Alphons Silbermann und dem Pädagogen Manfred Stoffers ausgewertete EMNID-Umfrage aus dem Jahre 1998 zeigt, daß rd. 22 Prozent aller Jugendlichen im Alter zwischen 14 und 17 Jahren nichts von oder über den Nationalsozialismus, Auschwitz bzw. den Holocaust[1] wissen. Insbesondere die Jugendlichen in den „neuen" Bundesländern bilden dabei den „Ahnungslosenkern", die die von den Nazis verursachten Millionenopfer ignorieren. Das bedeutet aber auch, daß bei diesem gesellschaftlichen Klientel die schrecklichen Folgen des Nationalsozialismus überhaupt nicht präsent sind, und eine sachlich geführte Auseinandersetzung mit dieser politischen Ideologie nur schwer erfolgen kann.*

2. *Aber nicht nur bei den Jugendlichen bzw. Heranwachsenden ist eine gewisse „Arroganz" gegenüber den Vorgängen während der NS-Zeit zu konstatieren. Generell gilt – und da überdecken die neuerlichen Demonstrationen in der Bundesrepublik Deutschland unter dem Motto* **„Die Demokratie wehrt sich"** *ein wenig die Realität – daß eine Vielzahl von Bundesbürgern die Auseinandersetzung mit dem Nationalsozialismus im allgemeinen und mit den unfaßbaren Ereignissen der Shoa im besonderen weiterhin als „Reizthema" mit dem Hang zu einer „Beendigungsdiskussion" ansieht und*

3. *neuere Statistiken (1999 ff.) des Bundesinnenministeriums und des Bundesverfassungsschutzes belegen zumindest tendenziell, daß die Gefahr eines Aufkeimens bzw. Wachsens nationalsozialistischen Gedankenguts keinesfalls von der Hand zu weisen ist. Immerhin hat sich innerhalb Jahresfrist sowohl in NRW als auch in der gesamten Bundesrepublik Deutschland die Anzahl der registrierten* **Gewalt- und Straftaten** *mit einem rechtsradikalen Hintergrund fast verdoppelt und*

---

[1] Die zentrale Gedenkstätte (Yad Vashem) für den Holocaust und das Heldentum befindet sich in Jerusalem. Das „Gesetz zum Andenken an die Märtyrer und Helden" (5713 – Gesetzbuch Nr. 132) vom 28. August 1953 regelt die Aufgaben von Yad Vashem. Im Artikel 2 heißt es: *„Es ist Aufgabe von Yad Vashem, dokumentarisches Material in Israel über all die Juden zu sammeln, die ihr Leben hingaben, die gegen den Nazifeind und dessen Helfer kämpften und rebellierten, und ihren Namen und Andenken zu verewigen, wie auch das der Gemeinden, Organisationen und Institutionen, die wegen ihrer Zugehörigkeit zum jüdischen Volk vernichtet wurden."* Siehe hierzu auch: Yablonka 2001, S. 278.

Vorbemerkung

4. hat auch der Europarat, eine im Jahre 1949 geschaffene Einrichtung zur Förderung des sozialen und wirtschaftlichen Fortschritts seiner Mitgliedsstaaten, der Bundesrepublik Deutschland Rassismus, Intoleranz und Diskriminierung von Ausländer vorgeworfen und gleichzeitig schärfere Gesetze angemahnt (NRZ, Nr. 152 vom 4. Juli 2001, S. 1). Dem Bericht der Europäischen Kommission gegen Rassismus und Intoleranz zufolge wird die Bundesrepublik in diesem Zusammenhang in einer Reihe mit Kroatien, der Türkei und Zypern genannt (eine sicherlich übertriebene Darstellung, aber dennoch ein ernstzunehmender Hinweis).

Wir müssen uns die Frage stellen, warum wir uns immer noch so schwer tun, die Periode der nationalsozialistischen Herrschaft, als Teil unserer eigenen (historischen) Vergangenheit zu akzeptieren. Diese in diesem Zusammenhang aufgeworfene These läßt sich verifizieren durch unser Verhalten, unseren Umgang mit unserer Erinnerungskultur. Das zeigen uns beispielsweise die vielfältig (oft kontrovers und mit agitatorisch angehäuften [unwahren] Behauptungen) geführten Diskussionen, so zum Beispiel:

- um die Publikation *(„Hitlers willige Vollstrecker")* von *Daniel Goldhagen* (1998)
- um die Auseinandersetzung zwischen *Martin Walser* und dem im August 1999 verstorbenen ehemaligen Präsidenten des Zentralrates der Juden in Deutschland, *Ignatz Bubis* (1927 – 1999, Stichwort: „Moralkeule")
- um die Akzeptanz der Ausstellung über die Deutsche Wehrmacht
- um die Auschwitzlüge (die Leugnung des Holocaust) und den von Fred A. Leuchter im Jahre 1989 publizierten „Untersuchungsbericht" (The Leuchter Report)
- um die Errichtung einer zentralen deutschen Gedenkstätte für die Holocaustopfer in Berlin und last but not least
- um die Einrichtung und Realisierung des Entschädigungsfonds für die NS-Zwangsarbeiter durch die Bundesrepublik Deutschland und die Deutsche Industrie.

Diese Diskussionen, ja diese Kontroversen um die Folgen des Nationalsozialismus sollten **nicht** durch persönliche Interessen, durch Betroffenheitsbekundungen oder gar durch Marketingstrategien *(zwecks profitabler Vermarktung)* geprägt sein. Die Opfer und Täter dürfen dabei nicht aus dem historischen und realen Blickfeld verdrängt werden; allgemein bedarf es einer der Sache **dienenden** Vorgehensweise, eines abgeklärten Verhaltens, das auch offen bleibt für individuelle Emotionen und das **nicht** einer „angepaßten" Verdrängung des Entsetzens über die monströsen und perfiden Ereignisse zum Opfer fällt.

Vorbemerkung

So sind die Fragen zu stellen:

Was ist zu tun?
Welcher Beitrag wird von uns erwartet bzw.
welchen Beitrag können wir selbst überhaupt leisten,

um diesen zuvor skizzierten Entwicklungstendenzen Einhalt zu gebieten? Das Einfachste wäre es, nach der offiziellen Politik zu rufen und unsere individuelle Verantwortlichkeit auf die von uns gewählten Volksvertreter zu übertragen bzw. abzuwälzen. Sicherlich hat die Politik die Aufgabe, das von uns allen gebilligte Wert- und Normensystem in seinem Bestand zu garantieren, Zuwiderhandlungen entsprechend zu sanktionieren und gesellschaftliche Konflikte zu glätten. Das ist aber nur die formaljuristische Seite der Medaille. Ein Gesamtsystem funktioniert in seinem Bestand nur, wenn eine gewisse Ordnung (also Kontinuität und Verläßlichkeit) des Handelns gewährleistet ist. Dafür aber sind wir verantwortlich. Den Rahmen für unsere Handlungsmöglichkeiten, unsere Rollen setzt das Gemeinwesen (der Staat oder die sozialen Institutionen); ausfüllen müssen wir diesen aber selbst.

Wir alle müssen bereit sein, unsere Überzeugung für den Fortbestand und die Weiterentwicklung eines offenen, liberal und demokratisch strukturierten und auch streitbaren Gemeinwesens zu nutzen und diese in unsere Handlungsalternativen, also unser Verhalten, das Tun oder Unterlassen, zu involvieren. Gelingt uns das, dann leisten wir einen nicht zu unterschätzenden Ergebnisbeitrag für die Erhaltung eines freiheitlich-liberalen (d.h. für alle zugänglichen), sozialen und nicht zuletzt demokratisch ausgerichteten Gesellschaftssystems.

Die Relation zwischen Macht, Gewalt und Herrschaft unterliegt oft den Bedingungen eines „magischen" Dreiecks. Irgendwie gelangt man hinein, aber man weiß nicht so recht wieder herauszukommen. Zwar hat jede Säule dieses Beziehungsgefüge eine besondere, wenn man so will eine arteigene spezifische Ausprägung, dennoch sind sie alle auf irgendeine – offensichtlich geheimnisvolle - Art und Weise miteinander verwoben. In seinem bedeutendsten Werk „Wirtschaft und Gesellschaft", das posthum im Jahre 1921 in Heidelberg veröffentlicht wurde, setzt sich Max Weber (1864 – 1920), der wohl bekannteste deutsche Soziologe, mit diesem Beziehungsnetz auseinander. Macht, so schrieb er, ist *„jede Chance, innerhalb einer Beziehung den eigenen Willen auch gegen Widerstreben durchzusetzen, gleichviel worauf diese Chance beruht"* (ebd. 1972, S. 28). Ein derartig geprägtes „Machtverständnis" schließt also eine Legitimation des Tuns und Handelns aus. Macht wird dann ausgeübt, wenn es die Umstände erlauben. Den Trägern der Macht (Individuen, Institutionen, Staat) bietet sich dabei die Möglichkeit der Gewaltandrohung bzw. der Gewaltanwendung.

Unkontrollierte oder auf Ideologien basierende Macht, z.B. eine auf charismatischem Gefüge aufsetzende Herrschaft, wie beispielsweise der Nationalsozialismus in

Vorbemerkung

der Person Adolf Hitlers, produzieren geradezu Gewalt, sei es um den eigenen Herrschaftsanspruch abzusichern oder auch die Verhüllungsfunktion der Ideologie zu überdecken. Totalitaristisch geprägte Ideologien (und darunter läßt sich der Nationalsozialismus subsumieren) stehen also in einem Spannungsverhältnis zur Wahrheit. Dabei erzeugt ein ideologiebehaftetes Denken ein falsches Bewußtsein. Falsches Bewußtsein wird beeinflußt oder hergeleitet von Gruppen und Institutionen (erinnert sei beispielsweise an die NSDAP und deren Organisationen), die in der Regel Macht erlangen, festigen und damit erhalten wollen. Ideologien sind das theoretische Instrumentarium der politischen Manipulation. Dabei versteckt sich die Ideologie hinter der Fassade der Wirklichkeit, der Wissenschaftlichkeit und der demokratischen „Gewolltheit".

Dem Vf. kommt es darauf an, deutlich zu machen, daß auf der einen Seite Ideologien einen gegebenen Zustand durch interne Legitimierung begründen und konsolidieren wollen, andererseits ihn aber nach außen hin (oder gegen interne Kritik) gegen die historischen und gesellschaftlichen Alternativen abschirmen oder – wie es im Nationalsozialismus der Fall war – die Begrenztheit, ja geradezu die Selektivität ihrer Aussagen und Zielprojektionen (Stichwörter sind hier z.B. Eugenik, Rassenhygiene, Volksgemeinschaft) gänzlich leugnen. Dem gilt es Einhalt zu gewähren. Macht zu institutionalisieren ist legitim und legal. Dabei müssen dem Herrschaftsträger (z.B. dem Staat) in seiner Herrschaftsausübung aber enge Grenzen gesetzt werden. In der Bundesrepublik Deutschland geschieht das (noch) durch die Instrumente der parlamentarischen Demokratie, in der höchsten Instanz also durch unser Grundgesetz in Verbindung mit der Europäischen Menschenrechtskommission und dem allgemeingültigen Völkerrecht.

Die Geschichte liefert oft (und leider allzu oft) das Rohmaterial für nationalistische, ethnische oder fundamentalistische Ideologien. Dabei ist die Vergangenheit ein wesentliches, ja vielleicht sogar das entscheidende Element dieser Ideologien. Wenn sie sich nicht fügt, d.h. kulturhistorisch betrachtet nicht bewältigt wird, und das Gemeinwesen zu keiner gesellschaftspolitischen Auseinandersetzung mit den Geschehnissen der Vergangenheit gewillt oder befähigt ist, dann kann sie auch nicht neu erfunden werden. Ohne den Rückblick in die Geschichte werden wir die Chance einer Neugestaltung leichtfertig und schnell verspielen. Wir sollten uns davor hüten, Geschichte durch Ideologien, Mythen oder gar Erfindungen zu ersetzen. Diese Versuche, Geschichte zu vergewaltigen, sie in den Dienst unserer eigenen Überlegungen, der eigenen Herrschaftsideologien zu stellen, sind vielfältiger Natur und weit mehr als ein schlechter historischer Witz. Geschichtsträchtige Ideologien (u.a. Nationalsozialismus, dafür stehen auch Namen wie Bolschewismus, Faschismus, Imperialismus, Marxismus und Rassismus entschieden (meist sehr leidvoll) über die Identität ganzer Völker, die sich nach Ethnien, Religionen oder nach der Organisation ihrer Herrschaftsstrukturen definierten. Täuschen wir uns also nicht: Geschichte ist nicht nur die Erinnerung der Ahnen an die Tradition und die Kultur eines Volkes; Geschichte

Vorbemerkung

ist nicht nur das, was hochgebildete und spezialisierte Historiker dafür halten und niederschreiben, sondern auch das, worüber uns beispielsweise die Theologen, die Lehrer, die Schriftsteller, die Autoren von Schulbüchern, die Journalisten und Film- und Fernsehproduzenten informieren. Entscheidend aber ist, daß wir uns der Verantwortung bewußt sind, uns nicht durch eine fremdgesteuerte Identitätspolititk vereinnahmen zu lassen.

Die Geschichte (also unsere eigene Vergangenheit) steht aber auch als erfrischende Quelle für unser Moralgedächtnis zur Verfügung. Unser Gedächtnis, als Synonym für unsere Vernunft also für unser Einsichts-, Denk- und Urteilsvermögen stehend, sollte uns zu einem verantwortungsbewußten Handeln befähigen. Wenn wir das tun, dann können wir der Entstehung überzogener nationaler, ethnischer und anderer Mythen bewußt, einsichtig und konsequent entgegentreten – und das schon von Anfang an. Beliebt machen wir uns damit nicht, tun sollten wir es aber trotzdem.

Die persönlichen Lebensberichte der Susi Herz und die ihres Ehemannes Sophoni belegen exemplarisch und stellvertretend für viele andere den Leidensweg der durch die Nationalsozialisten Verfolgten. Sichtbar werden dabei die Ausgrenzungs-, Deklassierungs-, Diffamierungsprozesse, die letztendlich mit ihrer „finalen Konsequenz" den Holocaust herbeiführten und die für viele Juden, Sinti und Roma mit der Ermordung durch die Nazis endeten. Die Auseinandersetzung über die historische Bedeutung des Holocaust, seine Wirkung auf das gesellschaftliche Zusammenleben der „Nachfolgegenerationen", auf die Ausgestaltung einer „entsorgten", „bewältigten" und „befriedeten" Zukunft muß auch heute noch – rd. 56 Jahre nach Ende des Zweiten Weltkrieges – in eine öffentlich geführte Debatte einmünden.

Eine wissenschaftliche Arbeit ist ohne Mithilfe Dritter kaum durchzuführen, will man in einem überschaubaren Zeitraum die Untersuchungsergebnisse der interessierten Öffentlichkeit darlegen. Ohne eine derartige Unterstützung wäre die Analyse, Aufbereitung und Umsetzung der in dieser Publikation aufgearbeiteten Thematik nicht möglich gewesen. So möchten wir uns an dieser Stelle für die Gewährung von persönlichen, organisatorischen und finanziellen Hilfen bei den beteiligten Personen, Institutionen und Organisationen bedanken. Namentlich, aber nur stellvertretend für die Vielzahl der anderen, sind zu nennen: *die Lebenshilfe für Behinderte e.V. Dinslaken und nicht zuletzt die Sparkasse Dinslaken. Besonderer Dank gilt allerdings Frau Susi Herz, die geduldig und mit großer Sachkenntnis unsere Fragen beantwortete, die uns ihre Lebensgeschichte erzählte, die hier in dieser vorgelegten Arbeit zurecht einen zentralen Platz einnimmt.*

Dinslaken im August 2001   *Klaus W. Tofahrn*

Inhaltsverzeichnis

1. Die Lebenserzählung der Susi Herz:
   60 Jahre (danach) sind nicht vergessen. Eine Replik der
   Susi Herz auf Nazi-Deutschland und den Holocaust
   (Klaus W. Tofahrn, Gabriele Khanna) 21

   1.1. Die Interviewer 23
   1.2. Das Interview 23

2. Zur Vorgeschichte der Herz-Publikation über die Ereignisse in
   Dinslaken während der Reichspogromnacht
   am 9./10. November 1938 (Klaus W. Tofahrn) 69

   2.1. Brief von Sophoni Herz an den Stadtdirektor
        der Stadt Dinslaken vom 25. März 1987 71
   2.2. Brief von Sophoni Herz an das Kulturverwaltungsamt
        der Stadt Dinslaken vom 27. April 1987 71

3. Die Geschichte des Yitzhak Sophoni Herz:
   Fast 50 Jahre sind vergessen – Kristallnacht in Dinslaken
   am 10 November 1938 (Yitzhak Sophoni Herz) 73

   3.1. Vorwort 74
   3.2. Zum Geleit 74
   3.3. Kristallnacht im Dinslakener Waisenhaus
        und Abschied aus Bad Homburg 75

4. Glossar (Klaus W. Tofahrn) 95

5. Historische Zeittafel 1930 – 1945 (Klaus W. Tofahrn) 111

6. Abkürzungsverzeichnis 131

7. Personenregister 133

8. Stichwortregister 137

9. Literaturverzeichnis 141

1. Die Lebenserzählung der Susi Herz

60 Jahre (danach) sind nicht vergessen
Eine Replik der Susi Herz auf Nazi-Deutschland und den Holocaust

Abbildung 1
Susi Herz (August 2001)

Der Friede der Seele besteht in der Verachtung
all dessen, was ihn stören kann.
Der Mensch, der sich aus dem Leben am meisten
macht, weiß es am wenigsten zu genießen,
und wer am gierigsten aufs Glück aus ist,
ist jederzeit der Elendste.
(Rousseau – Emile)

1.1. Die Interviewer

Gabriele Khanna (geb. Schröder), geboren am 14. Februar 1951 in Herne (NRW). Frau *Khanna* ist Studienrätin für Englisch und Geographie (einschließlich des bilingualen Unterrichts in der Differenzierungsstufe) am Theodor-Heuss-Gymnasium (THG) in Dinslaken. Sie ist Leiterin der schulischen „Arbeitsgemeinschaft für Israel" und besitzt neben profunden Kenntnissen der jüdischen Geschichte langjährige Erfahrungen im Jugend- und Schüleraustausch zwischen Deutschland und Israel. Dienstanschrift: Theodor-Heuss-Gymnasium), Voerder Straße 30, 46535 Dinslaken; Tel.: 02064/43990, Fax: 02064/439933, e-mail: Gabi@s-khanna.de.

Klaus W. Tofahrn, geboren am 16. August 1946 in Dinslaken. Ausbildung: Industriekaufmann, Studium der Wirtschaftswissenschaften in Bochum und Münster, Diplom-Betriebswirt, Sozial- und Sportwissenschaftler, Privatdozent für Soziologie des Sports an der Ruhr-Universität Bochum (RUB). Forschungsschwerpunkte: Arbeit und Sport, Alter und Freizeit, soziale Schichtung und Milieuforschung, Gesundheits- und Krankheitsverhalten, DDR- und Deutschlandforschung, demographische und historische Soziologie, NS- und jüdische Geschichte. Anschrift: Hauptstraße 10, 46569 Hünxe-Bruckhausen, Tel./Fax: 02064/34666, e-mail: Klaustofahrn@AOL.com.

1.2. Das Interview[2]

Gabriele Khanna: Wir möchten uns bei Ihnen, liebe Frau Herz, recht herzlich bedanken, daß Sie uns hier in Ihrer Wohnung in Rechovot empfangen haben und bereit sind, uns über Ihr Leben zu berichten. Sie haben sicherlich schon einigen Personen ein Interview gegeben und dabei über die schrecklichen Geschehnisse und Erlebnisse, die Ihnen durch die Nationalsozialisten angetan worden sind, gesprochen.

---

[2] Dieses Gespräch mit Frau *Susi Herz* fand in ihrer Wohnung in Rechovot (Altenheim: Bet Avot Gan David) am 4. August 2000 statt. Es dauerte inkl. der Pausen rd. 6 Stunden. Diese Zeitzeugenrecherche erfolgte auf Basis eines strukturierten Fragebogens (historische Analyse, Herstellung der Kontakte zu den Zeitzeugen, Vorbereitungsphase, Durchführung der Interviews, Auswertung der Interviews etc.). Darüber hinaus liegen eine Videoaufzeichnung und eine Tonkassette vor. Zur Interviewtechnik verweisen wir auf Atteslander 1984, S. 88 – 143.

Das Interview

	Daß Sie dies heute noch einmal tun, und somit wieder personifizierte Erinnerungen bei sich selbst wecken, dafür danken wir Ihnen ganz besonders.
Susi Herz:	Nein Frau Khanna, das muß ich direkt zu Beginn unserer Unterhaltung klarstellen: So viele Gespräche – Sie sagen Interviews – über „meine Zeit" mit dem deutschen Nationalsozialismus habe ich nicht geführt. In den ersten Jahren nach meiner Emigration nach Australien – aber darauf kommen wir sicher noch im weiteren Verlauf unserer Unterhaltung zu sprechen – war ich nicht in der Lage – und wollte es somit auch gar nicht – über das Geschehen, über meine Erlebnisse, über meine Empfindungen und somit auch über die persönliche „Verarbeitung" des Ganzen während der Nazizeit zu sprechen. Erst in den letzten Jahren, und damit meine ich etwa die letzten 5 Jahre, habe ich einige (wenige) Interviews gegeben. Vor knapp 2 Jahren (also in 1998) reiste ich nach Deutschland, u.a. besuchte ich auch meine Geburtsstadt Hamburg. Während dieses Aufenthalts in Hamburg ist ein Kontakt zu einem Herrn (den Namen habe ich leider vergessen), der im Erziehungsministerium[3] beschäftigt war, zustande gekommen. Dieser Herr ist zu mir gekommen und hat mich über mein „persönliches" Leben befragt. Das war aber ein zeitlich sehr kurzes Gespräch. Inhaltlich ging es insbesondere um den Lebensabschnitt, den ich in Australien verbrachte.
Gabriele Khanna:	Gibt es über dieses Gespräch Aufzeichnungen in irgendeiner Art und Weise? Die wären für uns - insbesondere in Hinblick auf einen vergleichenden erkenntnistheoretischen Ansatz, denn immerhin liegen ja rd. 2 Jahre zwischen beiden Gesprächen - von besonderem Interesse.
Susi Herz:	Ja, darüber gibt es eine schriftliche Aufzeichnung, die mir zugeschickt wurde. Diese Abhandlung ist in deutscher Sprache geschrieben. Das bedeutet gleichzeitig, daß meine Kinder – ich habe drei – diesen Bericht nicht lesen können. Sie verstehen zwar ein wenig Deutsch, es reicht aber nicht aus, um den Inhalt dieses Schriftstückes zu verstehen.

---

[3] Ob es sich hier um einen Mitarbeiter einer Landes- oder Bundesbehörde handelte, konnte nicht geklärt werden.

Gabriele Khanna: Könnten Sie uns eine Kopie zur Verfügung stellen?

Susi Herz: Natürlich. Ich habe nur noch ein kleines Problem zu lösen. Vor kurzem habe ich den Inhalt meiner Bibliothek neu geordnet. Ich sage es so, wie es ist: Ich muß es suchen, und wenn ich es gefunden habe, lasse ich eine Kopie[4] anfertigen und werde Ihnen diese nach Deutschland schicken.

Gabriele Khanna: Vielen Dank Frau Herz für diese interessante Einleitung. Wie heißen Sie mit vollständigem Namen, wann und wo wurden Sie geboren?

Susi Herz: Ich heiße Susi Herz, geborene Jotkowitz und bin am 4. Februar 1916 – also noch während des Ersten Weltkrieges – in Hamburg geboren. Ich bin Jüdin.

Exkurs: Wer ist Jude/Jüdin? – Zur Frage der jüdischen Identität.

Es ist oft ein schwieriges Unterfangen, ein mühsamer Versuch, eine umgangssprachlich verständliche und wissenschaftlich exakte Definition zu finden. Merkmale der Differenzierung (der Zuordnung) zu anderen Völkern (Nationen) sind: Abstammung von den Eltern (von einer jüdischen Mutter) und die Zugehörigkeit zur Religion (zur gemeinsamen jüdischen Glaubensgemeinschaft[5]). Die Frage, was die jüdische Identität[6] ist bzw. ausmacht, ist Gegenstand vieler Diskussionen sowohl in der jüdi-

---

[4] Diese Kopie liegt zum gegenwärtigen Zeitpunkt noch nicht vor.
[5] Siehe hierzu auch: Bubolz 1996, S. 179 - 182; Kolatch 1999, S. 7 - 14. Im Koran werden die Juden als Yahudy oder als Banu Israil („die Kinder Israels") bezeichnet. Eine Differenzierung zwischen Jude und Israelit wird dabei nicht gemacht (Hughes 1995, S. 376 - 379).
[6] Mit Identität (i.e.S. verstanden) wollen wir einen Prozeßvorgang bezeichnen, der letztendlich zu einer Gleichheit von Bedingungen, Erscheinungen und Bewußtsein führt. Identitätsfindung ist immer gekoppelt mit dem Suchen nach der Antwort auf die Frage: „Wer bin ich bzw. wer sind wir?" wobei Identität, Individuum und Gesellschaft in einem (sozialen) Beziehungsverhältnis zueinander stehen. Das Streben nach Identität ist als Doppelcharakter zu deuten, der sowohl personenals auch gesellschaftsbezogen wirksam wird. Entsprechend der Lebensstil- und Milieutheorie gewinnt der einzelne persönliche Identität dadurch, daß er sich an eine bestimmte Lebensweise bindet, die durch Zugehörigkeit zu entsprechenden Personen bzw. Gruppierungen demonstriert und dadurch zugleich auch seine Distanz zu anderen Lebensentwürfen zum Ausdruck bringt. Traditionelle Formen der Herausbildung von Identität nehmen einen langen Zeitraum in Anspruch, entwickeln sich aber allmählich im Zuge der familiären, schulischen und beruflichen Sozialisation (Bourdieu 1987, S. 147 ff; Heinz 1991; Steinkamp 1991). Folglich können die auf solche Weise entstehenden Formen persönlicher Identität und gesellschaftlicher Zugehörigkeit zu bestimmten Milieus sich differenzierter Codes und komplizierter Regelsysteme bedienen (Tofahrn 1997, S. 156 ff.). Gleichsam ist der Identitätsprozeß Ursache und Auslöser für die Fähigkeit zu sozialer Interaktion und damit sowohl Produkt als auch Folge.

Das Interview

schen „Diaspora[7]" als auch in vielen inhaltlich schwerwiegenden Debatten in Israel selbst. Natürlich ist der Prozeß einer faktisch-realen Identitätsbestimmung abhängig vom jeweiligen „Zeitgeist", vom Umfeld der kulturellen Gegebenheiten und Beziehungen; er wird darüber hinaus beeinflußt von den herrschenden politischen, ökonomischen und sozialen Bedingungen. So muß eine Frage nach dem Wesensinhalt der jüdischen Identität - und damit auch die nach der jüdischen Nation - im Mittelalter anders beantwortet werden, als in der „Moderne", also im heutigen Staat Israel (M.A. Meyer 1992). Der in der jüdischen Diaspora „geborene" Gedanke zur Wiederherstellung der staatlichen Einheit, die Idee der Errichtung eines Heimatlandes für alle Juden und die Rückbesinnung auf sich selbst (gewissermaßen die Wiederherstellung der jüdischen Identität) waren Motor und Vision für ihre Aktivitäten und auch Ausdruck für ihre geistige Verbundenheit mit dem ihnen von Gott[8] verheißenen Land (Heid 1998, S. 11ff.).

Israelische Bürger „besitzen" einen nationalen (staatsrechtlichen [hier Israelis]) und einen religiösen [jüdischen, christlichen, islamischen] Status. Die Klassifikation als „Jude" ist - in diesem Sinne verstanden - sowohl politisch (verfassungsrechtlich) als auch religiös-sozial zu interpretieren; sie hat demzufolge eine duale Bedeutung.

---

[7] Diaspora (griech. „Zerstreuung"). Allgemein ein Gebiet, in dem nationale, kulturelle oder auch religiöse Minderheiten (im Vergleich zum Ganzen) ansässig sind. Für Israel und die Juden hat die Diaspora eine besondere Bedeutung. Die (erste) jüdische Diaspora basiert auf den frühgeschichtlichen Ereignissen im Altertum. Nebukadnezar II. (gestorben 562 v.Chr. und seit 605 v.Chr. babylonischer Herrscher) besiegte auf seinen Feldzügen den ägyptischen König Necho II. (26. Dynastie, König von 610 - 595 v.Chr.) und unterwarf Syrien und Palästina. 597 v.Chr. wurde von den Babyloniern Jerusalem erobert, zehn Jahre später Jerusalem mit der ersten Tempelanlage zerstört. Nebukadnezar führte die „Kinder Israels" in die Babylonische Gefangenschaft - der Beginn der jüdischen Diaspora. „[...] - es war im 19. Jahr des Nebukadnezar, des Königs von Babel - rückte Nebusaradan, der Oberste der Leibwache und Diener des babylonischen Königs, in Jerusalem ein. 9. Er steckte den Tempel, den königlichen Palast sowie alle Häuser Jerusalems in Brand. Jedes große Haus zündete er an. 10. Auch rissen die gesamten kaldäischen Streitkräfte, der der Oberste der Leibwache befehligte, die Ringmauer Jerusalems nieder. 11. Den Rest der Bevölkerung, der in der Stadt noch vorhanden war, sowie die Überläufer, welche zum König von Babel übergetreten waren, und den Rest der Handwerker führte Nebusaradan, der Oberste der Leibwache, in die Gefangenschaft. [...] 21. [...] Juda wanderte so von seinem Heimatland in die Verbannung" (2. Kg. 25 ff. - Heilige Schrift nach der deutschen Übersetzung von Martin Luther). Von besonderem geschichtlichen Interesse sind die Epochen der „sephardischen Diaspora" (etwa 1400 - 1700), die Unterdrükkung, Verfolgung und Emigration der Juden aus Spanien und Portugal, sowie die „aschkenasische Diapora" (etwa 1600 - 1800), die die mittel- und osteuropäischen Juden (Polen, Deutschland, Frankreich, Rußland) betrifft. Siehe hierzu auch: De Lange 1984, S. 46 - 53.

[8] Im Psalm 137, der die Klage der von Nebukadnezar II. in die Gefangenschaft geführten Juden beschreibt, heißt es: „An den Wassern zu Babel saßen wir und weinten, wenn wir an Zion gedachten. [...] Wie könnten wir des Herrn Lied singen in fremdem Lande? Vergesse ich dich, Jerusalem, so verdorre meine Rechte. Meine Zunge soll an meinem Gaumen kleben, wenn ich deiner nicht gedenke, wenn ich nicht lasse Jerusalem meine höchste Freude sein" (Heilige Schrift - nach der Übersetzung von Dr. Martin Luther [1483 – 1546]).

Sie entscheidet auch darüber, welche Privilegien bzw. Einschränkungen[9] eine Person besitzt bzw. auf sich nehmen muß.

In Israel selbst kam es zu harten Auseinandersetzungen über die Frage, wer Jude ist: Eine Kabinettsentscheidung aus dem Jahre 1958, nach der sich jeder Jude nennen durfte, der keiner anderen Religion angehörte, mußte auf Grund der daraus resultierenden innenpolitischen Schwierigkeiten zurückgezogen werden. Die Diskussionen und die Rechtsstreitigkeiten ebbten in den folgenden Jahren keineswegs ab. 1970 definierte die Knesset den Begriff „Jude" wie folgt: Jude ist *„eine Person, die von einer jüdischen Mutter geboren oder zum Judaismus übergetreten ist und keiner anderen Religionsgemeinschaft angehört "* (de Lange 1984, S. 207). In „neuerer" Zeit sind - auch bedingt durch den Assimilierungsprozeß, der durch die Einwanderungswellen[10] aus Osteuropa angetrieben wird - Säkularisierungstendenzen, also eine Trennung von Staat und Religion, sichtbar geworden.

Die Gründung[11] des Staates Israel - unter Anerkennung des Beschlusses (Resolution Nr. 194) der Vollversammlung der Vereinten Nationen vom 29.11.1947 proklamiert David Ben Gurion (1886 - 1973) unmittelbar nach dem Abzug der britischen Mandatstruppen aus Palästina den unabhängigen und damit souveränen Staat Israel[12] (Pappe 1998, S. 30 - 38) - blieb nicht folgenlos für die Juden in aller Welt. Natürlich formt und beeinflußt der Staat Israel auch heute noch das jüdische Selbstverständnis (Zuckermann 1998, S. 64 - 67), nach wie vor ist er ein wichtiger Aktivposten für die jüdische „Diaspora" und deren Überlebenschance.

Exkurs: Ende

Gabriele Khanna: Erzählen Sie uns doch etwas über Ihre Kindheit. Wie haben Sie diese verbracht? Wo sind Sie zur Schule gegangen? Gibt es etwas Besonderes – ein sehr eingeprägtes Erlebnis– aus Ihrer Kinder- oder Jugendzeit zu berichten?

---

[9] So sollte ein „Jude" nur mit Zustimmung des Rabbinatgerichts heiraten.

[10] Wir verweisen in diesem Zusammenhang auf die Arbeit von Jessen/Ginter (1998, S. 48 - 53), die die Identitätsprobleme des „Einwanderungslandes" Israel anhand von acht Einzelschicksalen exemplarisch beleuchtet. Siehe hierzu auch: Erel 1983.

[11] Den Versuch, eine historische Bilanz über den modernen jüdischen Staat zu ziehen, unternimmt Wolffsohn, auf dessen Arbeit wir an dieser Stelle hinweisen wollen (ebd. 1998, S. 3 - 10). Siehe hierzu auch: Bautz (Hrsg.) 1996; Botschaft des Staates Israel (o.J.); Büscher 1998, S. 154 - 171; Graetz 1996.; Hersh 1991; Israelisches Informationszentrum (Hrsg.) 1998; Tophoven 1995 a, S. 3 -8.

[12] Einen komprimierten und dennoch interessanten Überblick über die mehrtausendjährige Geschichte Israels mit den daraus resultierenden Problemen mit seinen arabischen Anrainerstaaten vermitteln die zu einem Buch zusammengefaßten Gastvorlesungen, die der ehemalige israelische Botschafter in der Bundesrepublik Deutschland (ab 1993), Avi Primor, an der Heinrich-Heine-Universität in Düsseldorf hielt (ebd. 1999). Über seine Erfahrungen sowohl als Politiker als auch als „Privatmann" mit Deutschland und den Deutschen berichtet Primor in seinem bekannten Buch >>... mit Ausnahme Deutschlands<< (Ebd. 1997).

Das Interview

Susi Herz: Das sind gleich mehrere Fragen auf einmal; ich werde versuchen, sie so ausführlich wie möglich, zu beantworten. Ich habe in Hamburg meine Kinder- und Jugendzeit verbracht. Dort bin ich aufgewachsen und habe bis zu meinem 19. Lebensjahr in Hamburg ununterbrochen gelebt. Dort bin ich auch zur Schule gegangen. Zunächst besuchte ich die jüdische Schule (ich glaube, Sie nennen es heute Grund- oder Hauptschule) und im Anschluß daran die Helene-Lange-Schule[13], eine Oberrealschule. Ich habe diese Schule vor ca. 2 Jahren in Hamburg besucht und konnte feststellen, daß sich baulich nicht viel geändert hat. Heute ist diese Schule ein Gymnasium, auf dem Jungen und Mädchen unterrichtet werden. Das war zu meiner Zeit nicht der Fall. Während der Zeit in der ich die jüdische Volksschule besuchte, war ich auch Mitglied der jüdischen Jugendbewegung.

Gabriele Khanna: Was war das für eine Bewegung? Welche Funktion hatte sie? War das eine zionistisch orientierte Organisation?

Susi Herz: Nein, es war keine zionistische Bewegung, ganz und gar nicht. Wir, damit meine ich unsere jüdische Gemeinde in Hamburg, hatten mehrere politisch differenzierte Jugendbewegungen. Es gab eine zionistische, eine liberale und natürlich auch eine orthodox ausgerichtete Jugendbewegung. Ich war Mitglied der orthodoxen Jugendbewegung „Esra", die es heute immer noch in Israel gibt. Ihre Frage nach den Aufgaben, nach der Funktion dieser Organisationen, evtl. nach der Differenziertheit zu deutschen Jugendorganisationen kann ich wie folgt beantworten: Aus meiner Sicht – aber ich muß dabei anmerken, daß ich kaum Kontakt zur deutschen Jugendbewegung hatte, ich war und bin wie Sie wissen, eine orthodoxe Jüdin – gab es – und ich spreche hier ja von der Zeit vor der Machtübernahme durch die Nationalsozialisten – kaum Unterschiede in der funktionellen Ausrichtung. Wir hatten jede Woche,

---

[13] Helene Lange (1848 – 1930) war eine Vertreterin der gemäßigten bürgerlichen Frauenbewegung. Sie setzte sich insbesondere für die Ausbildung der Mädchen und Frauen (Lehrerinnenausbildung) im ehemaligen Preußen ein. Bedingt durch ihre Initiative konnten im Jahre 1896 erstmals 6 Frauen in Berlin ihre Abiturprüfung ablegen. Helene Lange war Mitbegründerin des Lehrerinnen- und des Allgemeinen Deutschen Frauenvereins. Ab 1920 führte sie den Lehrerinnenverein. Zusammen mit ihrer Lebensgefährtin Gertrud Bäumer (1873 – 1954) gab sie ein mehrbändiges „Handbuch der Frauenbewegung" und die Monatszeitschrift „Die Frau" (ab 1893) heraus. In der Zeit von 1917 bis 1920 übte Helene Lange eine Lehrtätigkeit an der Frauenschule in Hamburg aus. In diesem Zusammenhang verweisen wir auf Ihre „Lebenserinnerungen" (Ebd. 1921 und 1928 [2 Bde.]).

ein- oder zweimal, Zusammenkünfte, auf denen wir unsere „Probleme" (Schule, Elternhaus, Freunde etc.) diskutierten. Wie die deutschen Jugendgruppen machten auch wir Fahrten in die nähere Umgebung und erfreuten uns so unserer Jugend.

Klaus Tofahrn: Wurde bei diesen Zusammenkünften zu dieser Zeit (vor 1930) auch politisch diskutiert, z.B. über die Möglichkeit einer Auswanderung nach Palästina? Kam eine solche überhaupt in Betracht?

Susi Herz: Ganz, ganz wenig. Sie müssen wissen, daß gerade die orthodoxen Juden sehr deutschfreundlich und sehr, sehr deutschbewußt waren; ja – und so war es ja auch- sie fühlten sich als „vollwertige" Deutsche. Die meisten unserer Väter hatten in der Deutschen Armee gedient und viele davon hatten im Ersten Weltkrieg ihr Leben für Deutschland gegeben. Auch Angehörige meiner Familie (Onkel und Großonkel) sind im Ersten Weltkrieg gefallen. Wenn Sie die Ehrentafeln der Gefallenen des Ersten Weltkrieges, die auf vielen deutschen Friedhöfen aufgestellt sind, aufmerksam studieren, werden Sie feststellen, wie viele Juden sich darunter befinden. Nein, ein zionistisches Denken, verbunden mit dem Wunsch einer Auswanderung nach Palästina, war für die meisten kein Thema. Warum auch? Zu dieser Zeit konnten wir alle die Gefahr des aufkommenden und aufkeimenden Nationalsozialismus nicht erkennen. Ich erinnere noch einmal daran, daß die „Esra" keine zionistisch orientierte Jugendbewegung war.

Klaus Tofahrn: Änderten sich denn mit dem verstärkten Aufkommen des Nationalsozialismus – ich erinnere daran, daß die NSDAP im Herbst 1930 einen Mitgliederstand[14] von immerhin rd. 130.000 Personen hatte, daß sie bei den Reichstagswahlen vom 14. September 1930 einen Stimmenanteil von 18,3 Prozent und vom 31.7.1932 einen solchen von 37,4 Prozent auf sich vereinigen konnte – die Einstellungen zur „Palästinafrage"?

Susi Herz: Ja, zumindest haben wir öfters über Palästina gesprochen. Als die „braunen" Schlägertruppen, die SA, damit begannen – das war in

---

[14] Während die Mitgliederzahl in dem Zeitraum vor der Reichstagswahl vom 14. September 1930 nur mäßig anstieg (1927: 72.590; 1928: 108.717), vervielfachte sich der NSDAP-Mitgliederbestand nach den zuvor erwähnten Reichstagswahlen. Im Januar 1933 war die Zahl der NSDAP-Mitglieder auf rd. 791.000 angestiegen. Siehe hierzu auch: Informationen zur politischen Bildung (Nr. 123/126/127 – Neudruck 1991, S. 16 ff.).

Das Interview

den Jahren 1931 und 1932 - die politische Gegnerschaft zu tyrannisieren, quasi die Straße zu erobern, haben wir schon mehr „zionistisch gedacht". Wir interessierten uns jetzt wesentlich mehr für Palästina, und auf unseren Zusammenkünften wurde vermehrt über die britische Palästinapolitik, über den Anspruch der Juden in Palästina einen Judenstaat herzustellen, gesprochen. Einige meiner Jugendfreunde und deren Familien hatten – sofern sie Einwanderungspapiere von den Briten bekommen hatten – Deutschland verlassen können und sind gottlob nach Palästina ausgewandert. Obwohl, wie gesagt, die „Esra" an und für sich eine antizionistische Jugendgruppe war, stand von nun an die „Zionismusidee" vermehrt im Mittelpunkt unserer Diskussionen.

Klaus Tofahrn: Wie war Ihre persönliche Einstellung zu dieser Thematik? Waren Sie für die Errichtung eines – hier darf ich mal Ihren Ausdruck benutzen – eigenen Judenstaates? Wären Sie – sofern Sie die Gelegenheit dazu gehabt hätten – nach Palästina ausgewandert?

Susi Herz: Obwohl die Politik nicht mein Interesse weckte, stand ich der Idee des Theodor Herzl[15], für die gesamte Judenschaft eine Heimstätte zu errichten, ja einen eigenen Staat (Israel) zu fordern, nicht ablehnend gegenüber. Einen „eigenen" Staat zu haben, das erschien mir sinnvoll, und heute bin ich sehr dankbar, daß es diesen Staat „Israel" gibt, daß die politische Idee des Zionismus – wenn auch

---

[15] Theodor Herzl (1860 – 1904) wurde – ausgelöst durch den in Europa wieder aufkeimenden Antisemitismus – zum Initiator des (politischen) Zionismus. Mit seinem im Jahre 1896 veröffentlichten Werk „Der Judenstaat – Versuch einer modernen Lösung der Judenfrage" (Leipzig und Wien) belegte er den ideologischen Anspruch auf die Errichtung eines Judenstaates. Auf dem von ihm einberufenen ersten Zionistischen Weltkongreß im Jahre 1897 nach Basel forderten die Delegierten die Schaffung eines Judenstaates (u.a. „vorbereitende Schritte zur Erlangung der Regierungszustimmungen, die nötig sind, um das Ziel des Zionismus zu erreichen" [Ullmann, Hrsg., 1964, S. 127]). In den „Gesammelte(n) Zionistische(n) Werke(n)" schreibt Herzl u.a.: „[...] Ja, wir haben die Kraft, einen Staat, einen Musterstaat zu bilden. Wir haben alle Mittel, die dazu nötig sind [...]. Man gebe uns die Souveränität eines für unsere gerechten Volksbedürfnisse genügenden Stükkes der Erdoberfläche, alles andere werden wir selbst besorgen [...]. Das Entstehen einer neuen Souveränität ist nichts Lächerliches oder Unmögliches. Wir haben es doch in unseren Tagen miterlebt, bei Völkern, die nicht wie wir Mittelstandsvölker, sondern ärmere, ungebildete und darum schwächere Völker sind. Uns Souveränität zu verschaffen, daran sind die Regierungen der vom Antisemitismus heimgesuchten Länder lebhaft interessiert" (ebd. 1934, S. 523). Am 2. Dezember 1917 übersandte der britische Außenminister Arthur James Earl of Balfour (1848 – 1930) Lord Rothschild ein Schreiben (Balfour-Deklaration), in dem Großbritannien seine Zustimmung zur Bildung eines jüdischen Staates in Palästina signalisierte. Diese sogenannte Balfour-Deklaration wurde Grundlage für den vom Völkerbund an Großbritannien vergebenen Mandatsauftrag.

Die Lebenserzählung der Susi Herz: 60 Jahre (danach) sind nicht vergessen

unter großen Opfern – realisiert worden ist; schließlich lebe ich heute in Israel. Mit dem Gedanken nach Palästina zu gehen, habe ich mich nicht auseinandergesetzt. Meine Familie – meine Eltern und Geschwister, meine Religion – waren der Hort meiner Sicherheit. Diesen zu verlassen, konnte ich mir nicht vorstellen.

Klaus Tofahrn: Ich gehe davon aus, daß Ihre gesamte in Hamburg oder Umgebung ansässige Familie und Verwandtschaft jüdischen Glaubens war. Oder irre ich da? Gab es auch Mischehen?

Susi Herz: Nein! Für einen orthodoxen Juden ist eine andersgläubige Verbindung nicht vorstellbar. Wenn es einmal so war, damit meine ich zum Beispiel, wenn ein orthodoxer deutscher Jude sich in eine deutsche Christin verliebte und eine Heirat anstand, dann mußte seine Braut zunächst zum jüdischen Glauben konvertieren. Das war durchaus möglich und machbar und eigentlich kein Problem. Ehen zwischen liberalen Juden/Jüdinnen und Deutschen waren dagegen nicht ungewöhnlich.

Gabriele Khanna: Welche Berufe übten Ihre Eltern aus?

Susi Herz: Meine Mutter war – wie es üblich war – „nur" Hausfrau. Wir waren eine fünfköpfige Familie, und da gab es im Haushalt genug zu tun. Außerdem war es – wie ich es schon eingangs erwähnte – in einer orthodoxen jüdischen Familie unüblich, daß die Frau eine berufliche Tätigkeit ausübte. Mein Vater war wohl der typische jüdische Kaufmann. Er handelte mit den „Dingen des täglichen Bedarfs".

Klaus Tofahrn: Haben Sie, Frau Herz, in Ihrer Kindheit, als Ihre Schulzeit in der jüdischen Volksschule begann, schon zu diesem frühen Zeitpunkt „Unterschiedlichkeiten" ,(Ab- und Ausgrenzungen) zwischen jüdischen und deutschen Kindern erfahren müssen?

Susi Herz: Ja natürlich. Das habe ich allerdings nicht als diskriminierend empfunden, aber ich merkte schon damals, daß ich offensichtlich etwas „Besonderes" sein mußte. Mir konnte man es ansehen – ich weiß auch nicht wieso und warum – daß ich ein Judenmädchen war. Vielleicht lag es auch daran, daß unsere Feiertage, diese lagen meistens in der Mitte der Woche, sich von denen der Deutschen abhoben. Wir sind dann mit unseren „Sonntagskleidern" zur

Das Interview

Schule gegangen, während die deutschen Mädchen und Jungen ihre Alltagskleidung trugen. Das war schon auffällig und führte schon des öfteren zu „Rangeleien". Ich erinnere mich nach mehr als 70 Jahren an Auseinandersetzungen mit deutschen Schülern anläßlich des jüdischen Neujahrsfestes. Meine ältere Schwester Herta und ich trugen, wie es üblich war, weiße Kleider. Auf unserem Weg zur Synagoge wurden wir von deutschen Jungen (Jugendlichen) als Juden beschimpft. Einige wurden handgreiflich und bald darauf landeten meine Schwester und ich im Straßendreck. Wir haben das damals als „normale" Rangelei" zwischen Jungen und Mädchen angesehen. Wir mußten zurück nach Hause, denn so dreckig wie wir waren, konnten wir nicht in die Synagoge gehen.

Klaus Tofahrn: Hatten Sie denn außerhalb der Schule Kontakt mit deutschen Kindern oder Jugendlichen gehabt – genauer gefragt, war es üblich, daß deutsche und jüdische Kinder in Ihrer Umgebung zusammen spielten.

Susi Herz: Ja, das war damals (im Alter von 6 bis 10 Jahren) ganz normal. Eine meiner „besten" Freundinnen war die Tochter unserer Nachbarsfamilie (Familie Zorn), die einen Stock (es war der vierte) über uns wohnten. Wir besuchten uns regelmäßig gegenseitig, wie die heutigen Kinder oder Jugendlichen das auch tun, und wir spielten miteinander. Da gab es keine Probleme. Erst mit zunehmenden Alter – das war so die Zeit in den Jahren ab 1930 – habe ich den Kontakt zu Deutschen mehr oder weniger abgebrochen. In den Sommerferien – ab 1929 – fuhr ich entweder zu meiner Tante nach Süddeutschland, oder ich war mit der jüdischen Jugendgruppe unterwegs.

Klaus Tofahrn: Als Sie die jüdische Schule verließen und zur Helene-Lange-Oberrealschule wechselten, ich glaube, wir schrieben schon das Jahr 1932, welches Verhältnis hatten Sie zu ihren Mitschülerinnen und Mitschülern oder zu ihren Lehrern? Machten sich zu dieser Zeit schon antisemitische Strömungen bemerkbar? Hatten Sie unter Denunzierungen zu leiden?

Susi Herz. Das erste Jahr auf dieser Schule war für mich das schönste und interessanteste überhaupt. Obwohl die Nazis auf ihre Machtübernahme hinarbeiteten, und es auch – soweit ich das damals beurteilen konnte – viele Sympathisanten in der Schülerschaft gab, hatte ich auf Grund meiner jüdischen Herkunft zunächst keine Diskriminierungen und Demütigungen erleiden müssen. Gerade in der Helene-Lange-Schule galt eine liberal-freiheitliche Grundorientierung als Führungsmaxime. Die leitende Direktorin (Frau Beckmann) und die Mehrheit der Lehrerschaft waren, will man im nachhinein eine politische Zuordnung vornehmen, sehr demokratisch eingestellt. Das läßt sich daraus ableiten und somit belegen, daß ich als Jüdin am Sonnabend (wir feierten den Sabbat) mit Billigung der Schulleitung nicht zur Schule gehen mußte. Während meine Mitschüler auch am Samstag zum Unterricht mußten, ging ich in die Synagoge und feierte mit meiner Familie den Sabbat. Meine Schulfreundin unterrichtete mich abends über den behandelten Stoff, und so konnte ich am Sonntag diesen nacharbeiten. Das klappte prima. So habe ich ein Jahr gearbeitet. Ich muß es noch einmal an dieser Stelle wiederholen: das erste Jahr war für mich ein ganz normales Schuljahr. Ich hatte (weil ich Jüdin war) weder unter meinen Mitschülern und schon gar nicht unter den Lehrern und Lehrerinnen zu leiden – ein antisemitisches Verhalten oder Tun gab es zu dieser Zeit nicht – oder ich bemerkte es nicht.

Exkurs: Antisemitismus

Im engeren Sinne verstanden, ist „Antisemitismus" ein pseudowissenschaftlicher Begriff, der im Jahre 1879 durch den deutschen Journalisten Wilhelm Marr, dem Gründer der „Antisemiten-Liga" (1879) „erfunden" wurde. Gemeint ist damit eine „biologische Minderwertigkeit", ein „artfremdes und korrumpierendes Virus in der (menschlichen) Gesellschaft". Diese primär ethnologisch verstandene aber politisch wirkende „Ab- und Ausgrenzungsideologie (kennzeichnend für die letzten Jahrhunderte unserer Zeitrechnung) beschleunigte vehement den „Entfremdungsprozeß" zwischen Juden und Nichtjuden. Sie führte aber auch zu politischen und sozialen Divergenzen innerhalb der jüdischen Volksgemeinschaft. Insgesamt betrachtet resultieren aus beiden Ansätzen letztendlich die epochalen Ereignisse, wie beispielsweise

- die Pogrome
- der Holocaust
- und die Gründung des Staates Israel,

die als Synonym für die grauenvollen und unfaßbaren Leiden (Ausgrenzung, Deklassierung, Diffamierung, Verfolgung, Vertreibung und Ermordung) der Juden stehen.

Die „Rückdrängung" des Gedanken des europäischen Liberalismus (eine auf freiheitlich-demokratischen Grundsätzen basierende Idee zur Gestaltung menschlichen

Das Interview

[sozialen] Zusammenlebens - *nicht zu verwechseln mit dem als „liberal" bezeichneten „Programm" der völlig überschätzten und unbedeutenden „Klientelpartei" F.D.P)* - sowie der aufkommende und sich in der Volkspopularität verankernde Nationalismus[16] (ein politischer Paradigmawechsel) ebneten den Weg zu weiteren Judenpogromen, die letztendlich ihren traurigen Höhepunkt in den Geschehnissen des Holocaust fanden.

Bereits im Mittelalter[17] erwarteten (und bekamen) die Juden nicht die gleiche staatsbürgerliche Behandlung, wie die Bürger mit einer „originären" Staatsangehörigkeit[18]. Selbst der Große Kurfürst Friedrich Wilhelm von Brandenburg (1620 - 1688), dem man aus heutiger Sicht ein aufklärerisches Denken und Handeln nachsagt, ließ in der (staatsrechtlichen) Behandlung immigrierter Volksgruppen (z.B. Hugenotten, Niederländer und Juden) erhebliche Differenzierungen und damit Ungleichheiten erkennen. So mußten eingewanderte Juden - im Jahre 1671 waren das 50 jüdische Familien - einen Vermögensnachweis erbringen; darüber hinaus erhielten sie (zunächst) das Aufenthaltsrecht[19] nur für die folgenden 20 Jahre. Von sozialer Inte-

---

[16] Zu den Begriffen „Nation" und „Nationalismus" sowie „nationalen Systemen" verweisen wir auf die Arbeiten von Berlin 1993, S. 146 – 193; Dahrendorf 1993, S. 101 – 118 und Lepsius (1993, S. 193 – 214.

[17] Blutige Ausschreitungen gegen jüdische Bevölkerungsanteile hat es im Mittelalter (Beginn der europäischen Völkerwanderung bis zur Wiederentdeckung Amerikas [ca. 375 - 1492]) und der frühen Neuzeit in fast allen europäischen Ländern gegeben. Während des ersten Kreuzzuges (1096 - 1099) fielen alleine in Mitteleuropa mehr als 10.000 Juden Pogromen zum Opfer (Lustiger 1998, S. 21). Anläßlich der Pestepidemien, für die die Juden verantwortlich gehalten wurden, kam es am 24. August 1349 in Mainz, mit rd. 6000 Juden die größte jüdische Gemeinde auf deutschem Gebiet, zu gewalttätigen Ausschreitungen. Die Mainzer Juden zündeten ihre Häuser an und wählten den Freitod. Auch in Köln und in Rothenburg ob der Tauber kam es zur gleichen Zeit zu pogromhaften Aktivitäten. Im Jahre 1394 mußten die Juden Frankreich verlassen. Mit dem Ende der Reconquista im Jahre 1492 wurden sie von den Spaniern zur Auswanderung gezwungen. Siehe hierzu auch: Graus 1997, S. 25 – 60 und Pietschmann 1997, S. 61 – 89.

[18] Auch in der französischen Nationalversammlung von 1789 wurde das Problem der Gleichstellung der Juden heftig und äußerst kontrovers diskutiert: *„Den Juden als Nation muß alles verweigert werden, als Individuum hat man ihnen alles zu gewähren [und das tat der Nationalsozialismus eben nicht; er demütigte und vernichtete das Individuum] Sie müssen Bürger [des jeweiligen Staates - hier Frankreich] werden. Es ist darauf hingewiesen worden, daß sie gar nicht Bürger sein wollen. [...] Es kann keine Nation innerhalb einer Nation geben"* (de Lange 1984, S. 80).

[19] Dieses Aufenthaltsrecht bzw. die Aufnahmezulassung war unter der Regentschaft von Friedrich Wilhelm I. von Brandenburg-Preußen (1688 - 1740) an einen Vermögensnachweis von 10.000 Taler gekoppelt. Das sogenannte „Generalprivileg" aus dem Jahre 1730 beschränkte die Anzahl der in Berlin wohnenden jüdischen Familien auf insgesamt 100. Mit der fortschreitenden Aufklärung und der damit verbundenen Änderung der Politik gegenüber den Juden verbesserte sich (ein wenig) deren Status und Situation in Preußen. Insbesondere ist in diesem Zusammenhang auf die Denkschrift „Über die bürgerliche Verbesserung der Juden" (1781 - 1783) des preußischen Kriegsrats und Archivars Christian Wilhelm Dohm hinzuweisen. Auszug: *„Diesem Unglücklichen also, der kein Vaterland hat, dessen Thätigkeit allenthalben beschränkt ist, der nirgends seine Talente frey äussern kann, an dessen Tugend nicht geglaubt wird, für den es fast keine Ehre gibt; - ihm bleibt*

Die Lebenserzählung der Susi Herz: 60 Jahre (danach) sind nicht vergessen

grität und Integration[20] der jüdischen Mitbürger kann also kaum die Rede sein. Eine verfassungsmäßige Gleichstellung des Judentums in Preußen schien mit dem „Edikt betreffend die bürgerlichen Verhältnisse der Juden in dem Preußischen Staate" (11. März 1812) erreicht zu sein. Mit diesem Gesetz wurden „*die Vorschriften für die Juden für aufgehoben [erklärt]*" und folgendes verordnet: „*§ 1: Die in unseren Staaten jetzt wohnhaften, mit General-Privilegien, Naturalisations-Patenten, Schutzbriefen und Konzessionen versehenen Juden und deren Familien sind für Einländer und Preußische Staatsbürger zu achten.*" (Gesetz - Sammlung[21] für die Königlichen Preußischen Staaten [Nr. 5]). Nach der endgültigen Niederlage Napoleons I. (1769 - 1821) gegen die vereinigten Heere der Kriegsgegner im Jahre 1815 bei Waterloo (Belle-Alliance) wurden die „zarten" Emanzipationsansätze und somit auch der Ver-

---

kein andrer Weg des vergünstigten Daseyns zu geniessen, sich zu nähren, als der Handel. Aber auch dieser ist durch die vielen Einschränkungen und Abgaben erschwert, und nur Wenige dieser Nation haben so viel Vermögen, daß sie einen Handel im Grossen unternehmen können. [...] Der Jude ist noch mehr Mensch als Jude, und wie wäre es möglich, daß er einen Staat nicht lieben sollte, in dem er ein freies Eigenthum erwerben, und desselben frey geniessen könnte, wo seine Abgaben nicht grösser als die andrer Bürger wären, und wo auch von ihm Ehre und Achtung erworben werden könnte? Warum sollte er Menschen hassen, die kränkende Vorrechte mehr von ihm schneiden, mit denen er gleiche Rechte und gleiche Pflichten hätte? Die Neuheit dieses Glücks und leider! die Wahrscheinlichkeit, daß man es ihm noch nicht so bald in allen Staaten bewilligen werde, würden es dem Juden nur noch desto kostbarer machen, und schon die Dankbarkeit müßte ihn zum patriotischen Bürger bilden. Er würde das Vaterland mit der Zärtlichkeit eines bisher verkannten und nur nach langer Verbannung in die kindlichen Rechte eingesetzten Sohns ansehen [...]" (Dohm, 1781, S. 7 ff.; entnommen aus: Informationen zur politischen Bildung 1991, Nr. 140, S. 28). Es gab aber auch andere (gewichtige) Stimmen. So äußerte sich der bekannte Philosoph Johann Gottlieb Fichte (1762 - 1814), ein bedeutender Vertreter des deutschen Idealismus, zum Problem der Vergabe von Bürgerrechten an Juden wie folgt: Verliehe man den Juden Bürgerrechte, dann gäbe es „*kein anderes Mittel als das, in einer Nacht ihnen allen die Köpfe abzuschneiden und andere aufzusetzen, in denen auch nicht eine jüdische Idee ist. Um uns vor ihnen zu schützen, dazu sehe ich wieder kein anderes Mittel, als ihnen ihr Gelobtes Land zu erobern (!) und sie alle dort hin zu schicken.*"

[20] Bestrebungen (die sog. Haskala), diese für die jüdische Bevölkerung u.a. durch eine Änderung, ja zum Teil durch Aufgabe von jüdischen Lebensgewohnheiten zu erreichen, resultieren insbesondere aus den Überlegungen und Arbeiten des in Berlin lebenden Philosophen Moses Mendelssohn (1729 - 1789). Mendelssohn konfrontierte das Judentum mit der Vernunftsfrage der Aufklärung. Er war es, der durch Annahme nichtjüdischer Lebensgewohnheiten eine Verbindung, gewissermaßen eine Synthese, zwischen Christentum und Judentum einleiten wollte; sein Name steht für Reformbereitschaft (Abkehr von der jüdischen Orthodoxie), für Emanzipationsdenken und für die geistige und faktische Überwindung der Ghettoisierung. Siehe hierzu auch: Comay 1994, S. 84 und S. 217 - 219. Zur Geschichte des neuzeitlichen Judentums; zum Judaismus und Zionismus sowie den damit verbundenen Reformbewegungen verweisen wir an dieser Stelle auf die Beiträge von M.A. Meyer (1994 a/b) Siehe hierzu auch: Baeck 1995; Leo Baeck Institut (Hrsg.) 1997; Israelisches Informationszentrum (Hrsg.) 1995; Solomon 1996; Sympathie Magazin 1991 (Nr. 21) und 1997 (Nr. 38); Wurmbrand/Roth 1999.

[21] Das Emanzipationsedikt Friedrich Wilhelms III. (1770 - 1840) vom 11. März 1812.

such, eine Überwindung der Gegensätze zwischen Juden- und Christentum zu erreichen, abrupt unterbrochen. Juden, obwohl sie Kriegsdienst in den Befreiungsarmeen der Allianz leisteten, fanden keine Beschäftigung in den öffentlichen Diensten[22].

Der Artikel 16 der Schlußakte (1816) des Wiener Kongresses legalisierte - wenn auch nur zum Teil - die erneute Entrechtung der jüdischen Bevölkerung in Europa[23]. Mit dem Tode des russischen Zaren Alexander II. (1818 - 1881) - verursacht durch einen Bombenanschlag - endete die Periode einer „begrenzten Liberalisierung", damit war auch oder wieder einmal in Rußland der Weg für Pogrome frei. In vielen hundert Orten Rußlands wurden pogromhafte „Belästigungen" für die jüdische Bevölkerung zur traurigen Realität, die Tausende von ihnen das Leben kosteten.

Noch im selben Jahr (1882) erfolgte auch in Deutschland die Einberufung eines antisemitischen Kongresses. Dabei richtete sich antisemitisches Denken nicht gegen die anderen semitischen[24] Völker oder Volksgruppen, die in Vorderasien bzw. in Nordafrika ansässig waren, sondern ausschließlich gegen die Juden. Ihre vermeintliche Sonderstellung (das „auserwählte Volk" als ethnische und religiöse Minderheit, das starke Zusammengehörigkeitsgefühl, der oft vorhandene ökonomische Erfolg, die soziale Abgeschlossenheit [Ghettoisierung]) beschleunigte offensichtlich den Drang der nichtjüdischen Bevölkerung gegen Juden vorzugehen. Diskriminierung und Diffamierung, Verfolgung und Vertreibung, letztendlich die physische Vernichtung, der grausame Höhepunkt der Holocaustereignisse, waren offensichtlich die „logischen" Glieder einer Kette (vom Antisemitismus bis hin zum nationalsozialistischen Völkermord [Benz 1997, S. 365 - 394]; Benz/Bergmann [Hrsg.] 1997) mit menschenverachtenden und verstandesmäßig nicht nachzuvollziehenden Folgen.

Exkurs: Ende

Klaus Tofahrn: Als am 30. Januar 1933 den Nationalsozialisten und damit Hitler (1889 - 1945) die sogenannte Machtübernahme glückte, wie beurteilten Sie bzw. Ihre Familie die politische Zukunft im Dritten Reich. Sind Sie nicht davon ausgegangen, daß sich die „Lebens-

---

[22] Basierend auf den Gesetzesvorschriften des preußischen Judengesetzes aus dem Jahre 1847 wurde den Juden eine Beschäftigung in den öffentlichen Diensten nicht gestattet. Untersagt waren ferner die Ausübung von Patronats- und ständischen Rechten sowie (in vielen Fällen) die Ausübung akademischer Lehrtätigkeiten.

[23] Staatliche (gesetzliche) Gleichberechtigung - also die Gleichstellung mit den jeweiligen Staatsangehörigen - erhielt die jüdische Bevölkerung in England im Jahre 1858. Es folgten Österreich (1867), Italien (1870) und die Schweiz in 1874.

[24] Nach Sem, dem ältesten Sohn Noahs benannt („Noah war 500 Jahre alt, und zeugte SEM, Ham [auch Cham] und Japheth" (1. Moses 5, 32). „Dies ist der Stammbaum der Söhne Noahs, des Sem, des Cham und Japheth. [...] Auch dem Sem wurden Nachkommen geboren, dem Stammvater aller Hebersöhne, dem ältesten Bruder des Japheth" (1. Moses 10, 21 - Heilige Schrift nach der Übersetzung von Martin Luther). Da diese biblische Völkertafel geographisch ausgerichtet ist, ist der so definierte Begriff (Semiten) für eine ethnographische Einordnung zu unpräzise.

bedingungen", die „Lebensqualität" der Juden in Deutschland zum Negativen ändern würden? Das haben ja die unmittelbar folgenden Ereignisse auch angedeutet. Wenig später – am 27. Februar 1933 – brannte der Reichstag, einen Tag danach wurden die Notverordnungen „zum Schutze von Volk und Staat" und „Verrat am deutschen Volke und hochverräterische Umtriebe" durch den deutschen Reichspräsidenten Paul von Hindenburg (1847 – 1934) verkündet, und bereits am 15. März 1933 trafen die ersten Häftlinge im eiligst errichteten KZ Dachau (darunter waren auch Juden) ein.

Susi Herz: Ja, als die Nationalsozialisten die Macht übernahmen, da merkten wir Juden schon einige Veränderungen – anfangs nicht so drastisch, aber mit fortschreitender Zeit, waren doch Verhaltensänderungen der Deutschen uns gegenüber erkennbar. Als das „Juden-Schulgesetz[25]" – ich weiß nicht mehr, wie es genau hieß – von den Nazis erlassen wurde, führte dieses zu erheblichen Beschränkungen. Ich wollte erst die Helene-Lange-Schule verlassen, nicht weil ich Ressentiments meiner Mitschüler befürchtete; ich weiß auch nicht mehr warum; ich hatte einfach ein ungutes Gefühl. Nach einer Rücksprache bei Frau Beckmann, der ich meine Ängste schilderte, blieb ich – und darüber war ich im nachhinein gesehen sehr froh gewesen - auf dieser Schule. Frau Beckmann ermutigte mich, die Oberrealschule nicht zu verlassen. Obwohl das Verhältnis zu einigen deutschen Mitschülern und Mitschülerinnen sich verschlechterte, war mein Verhältnis, das Zusammenleben mit der Mehrzahl meiner Mitschüler normal und zum Teil sehr freundschaftlich. Alle wußten ja, daß ich Jüdin war. Ich blieb also zwei weitere Jahre auf der Helene-Lange-Schule und machte auch hier mein Abitur. Bei der Abschlußprüfung trug ich als einzige keine BDM-Uniform, sondern nur eine weiße Bluse und einen schwarzen Rock, also die Kleidung, die ich normalerweise anzog, wenn ich die Synagoge besuchte. Meiner einzigen verbliebenen deutschen Freundin, die keine BDM-Uniform tragen wollte, riet ich, dieses doch zu tun – sie tat es dann auch. Bei der schriftlichen Abiturprüfung waren meine Noten so gut, daß man mich von der mündlichen Prüfung befreite – und das in einer mittlerweile von

---

[25] Es handelt sich hier um das „Gesetz gegen die Überfüllung von deutschen Schulen und Hochschulen", das den Anteil jüdischer (nichtarischer) Schüler und Studenten auf 1,5 Prozent begrenzte. Siehe hierzu auch: Zeittafel (Kapitel 5., Seiten 111 - 112).

Das Interview

den Nazis durchsetzten Schule. Alles in allem betrachtet verlebte ich auf der Helene-Lange-Schule drei gute Jahre.

Klaus Tofahrn: Kommen wir noch einmal auf diesen „frühen" Zeitabschnitt der nationalsozialistischen Herrschaftsperiode, damit meine ich die Zeit als Hitler zum Reichskanzler gewählt wurde, zurück. Wie haben denn Ihre Eltern diesen politischen Wandel – von der Demokratie zur Diktatur – beurteilt? Hat man zu diesem Zeitpunkt überhaupt erkennen können, was die Nazis mit den Juden vorhatten?

Susi Herz: Als Hitler und seine Parteigenossen die Macht übernahmen, da war ich gerade 17 Jahre alt. Mit meinen Eltern habe ich über politische Themen nicht gesprochen. Die Zeit von 1933 bis 1935 war für mich und auch für meine Familie nicht besonders aufregend. Ich fühlte mich nicht in meiner Bewegungsfreiheit eingeschränkt. Erst als die „Nürnberger Gesetze"[26] von den Nazis erlassen wurden, wehte uns Juden ein kräftiger Wind – eigentlich schon ein Sturm - ins Gesicht. Viele, darunter auch meine Eltern, begriffen nun, daß es uns an den Kragen gehen sollte – eine Vorahnung, die – wie sich im späteren Verlauf herausstellte – Realität wurde. Insbesondere nach dem Inkrafttreten der Beschlüsse von Nürnberg versuchten viele deutsche Juden, die Geld oder eine andere Chance – z.B. Verwandte im Ausland – hatten, Deutschland zu verlassen. Trotz dieser sichtbaren Rassendiskriminierung, die Lebensbedingungen der Juden verschlechterten sich ab 1935 ständig, dachte mein Vater nicht daran, Deutschland zu verlassen. Er fühlte sich als „anständiger Deutscher", der nichts zu befürchten hätte.

Klaus Tofahrn: Nach bestandenem Abitur, was haben Sie danach getan?

---

[26] Siehe hierzu auch: Der „Parteitag der Freiheit" vom 10. - 16. September 1935. Offizieller Bericht über den Verlauf des Reichsparteitages mit sämtlichen Kongreßreden. München 1935. Ferner: Parteitag der Freiheit. Reden des Führers und ausgewählte Kongreßreden am Reichsparteitag der NSDAP 1935. München 1936. Anläßlich des NSDAP-Parteitages in Nürnberg werden zwei rassendiskriminierende „Gesetze" verabschiedet. Die Vorschriften des „Reichsbürgergesetzes" und die des „Gesetzes zum Schutze des deutschen Blutes und der deutschen Ehre" bewirken u.a. ein Eheschließungsverbot zwischen Deutschen („oder artverwandten Blutes") mit Juden Die Verleumdungs- und Diskriminierungskampagnen gegen den jüdischen Bevölkerungsanteil nehmen weiter zu. Bis Ende 1938 wandern rd. 170.000 (rd. 30 %) deutsche Juden aus dem Reichsgebiet aus, bis Oktober 1941 verlassen insgesamt rd. 270.000 Juden Deutschland. Siehe hierzu auch: Benz 1998, S. 42 ff.

Die Lebenserzählung der Susi Herz: 60 Jahre (danach) sind nicht vergessen

Susi Herz:	Nach meinem Abitur, das war 1935, bin ich nach Würzburg gegangen, um mich hier auf dem orthodoxen (religiösen) „Lehrerinstitut" (Israelitische Lehrerbildungsanstalt Würzburg) zur Lehrerin ausbilden zu lassen. Zur damaligen Zeit unterhielten die jüdischen Gemeinden in Deutschland ein orthodoxes Seminar in Würzburg und ein liberal ausgerichtetes Institut in Berlin. Ich hatte mich auf Grund meines Glaubens für eine orthodoxe Ausbildung entschieden. Nur diese beiden Institute sind von den Nazis nicht geschlossen worden, dagegen mußten alle anderen jüdischen Bildungseinrichtungen ihre Tätigkeiten einstellen.
Klaus Tofahrn:	Ich nehme an, daß auf dieser orthodoxen Bildungsanstalt sowohl Männer als auch Frauen ausgebildet wurden – oder irre ich mich?
Susi Herz:	Ja, Sie haben Recht. Das war – wenn man so will – ein Internat für Jungen und Mädchen. Die männlichen Mitstudierenden wohnten im Internat, die Mädchen waren dagegen bei Privatpersonen untergebracht. Verpflegt wurden wir – mittags und abends – im Internat. Ich wohnte mit einer Kommilitonin aus München zusammen, zu deren Kindern, die heute in Süddeutschland leben, habe ich noch Kontakt.
Klaus Tofahrn:	Als Sie in Würzburg mit Ihrer Lehrerausbildung begannen, das war ja 1935, wurde da seitens der Studierenden ja auch der Lehrenden über die von den Nazis betriebenen Politik, die ja den jüdischen Volksteil mit vermehrten Beschränkungen belegte, geredet?
Susi Herz:	Nein, zumindest in den Seminaren wurde über Politik im allgemeinen und über Nazideutschland im besonderen nicht gesprochen. Das Institut war eigentlich ein Elfenbeinturm, eine Insel in einem stürmischen Ozean, die uns Ruhe und Schutz bot. Die veränderte Zeit, das „neue" Nazideutschland, das „deutsche Denken" erlebte ich immer, wenn ich das Institut verließ und mich in die Öffentlichkeit begab.
Klaus Tofahrn:	Was meinen Sie damit genau? Könnten Sie uns Ihre Erlebnisse mit der deutschen Öffentlichkeit im Detail schildern?
Susi Herz:	Als Juden hatten wir es nach der Verkündung der sogenannten „Nürnberger Gesetze" nicht einfach. Viele Dinge des täglichen Alltags waren für uns nicht mehr in der gewohnten und wohl auch

Das Interview

normalen Form möglich. Das fing beispielsweise beim Straßenbahnfahren an und hörte beim Einkaufen für den täglichen Bedarf auf – oder auch nicht. Ich selbst hatte furchtbare Angst mit der Straßenbahn oder mit dem Zug zu fahren. Es kam oft vor, daß ich von deutschen Jugendlichen aber auch von älteren Personen als Jude, als eine „undeutsche" Person, beschimpft wurde. Oftmals wurde ich „aufgefordert", die Straßenbahn oder das Abteil im Zug zu verlassen, da der Transport nur DEUTSCHEN vorbehalten sei. Das habe ich dann auch getan – aus Angst vor der Anwendung von körperlicher Gewalt. So war es für mich nicht einfach, von Würzburg nach Hamburg zu reisen. Manchmal waren die „Belästigungen" von den Deutschen so schlimm, daß ich den Zug wechseln mußte. Sie können sich vorstellen, wie lange es dann dauerte, bis ich schließlich Hamburg erreichte. Ich der Regel fuhr ich jede Woche von Würzburg nach Hamburg, um dort meine Eltern zu besuchen.

Klaus Tofahrn:	Konnten Sie Ihr Studium in Würzburg zu Ende bringen?
Susi Herz:	Ich deutete es bereits an. Der Aufenthalt im Würzburger Institut zur Lehrerausbildung bedeutete für mich aber auch für die meisten meiner Kommilitonen die „Insel der Glückseligkeit". Im Institut wurden wir von den Vorgängen, die sich uns auf der Straße boten, weitgehend abgeschirmt. Daher konnte ich mein Studium mit Erfolg zu Ende bringen. Das war im März des Jahres 1937. Direkt nach Abschluß (als Dipl.-Erzieherin) meines Studiums bin ich sofort nach Hause – also nach Hamburg – zu meinen Eltern zurückgefahren. Ich verzichtete sogar auf die obligatorische Abschlußfeier.
Klaus Tofahrn:	Der Verzicht auf die Abschlußfeier, das ist doch ungewöhnlich, hatte der einen besonderen Grund? Sie hätten doch auch nach der Feier zu Ihren Eltern nach Hamburg fahren können.
Susi Herz:	Ja, meine Schwester (Hilde) hatte wenige Wochen vorher Papiere[27] für die Ausreise nach Australien bekommen. Sie sollte im

---

[27] Nach dem militärischen Sieg (1871) Deutschlands über Frankreich verbunden mit der Gründung des Wilhelminischen Kaiserreiches (1871 – 1918) kam es in Deutschland vorübergehend zu einem Wirtschaftsaufschwung (Reparationszahlungen aus Frankreich, Gründerzeit, Industrialisierung). Dieser verebbte zum Ende der achtziger Jahre des 19. Jahrhunderts, und es folgte eine Rezessionsphase. Die (offensichtlich latent vorhandenen) antijüdischen, ja antisemitischen Tendenzen in

Die Lebenserzählung der Susi Herz: 60 Jahre (danach) sind nicht vergessen

März 1937 Nazi-Deutschland verlassen. Insofern zählte für mich jeder Tag. Da ich bzw. meine Eltern nicht wußten, ob meine Schwester Deutschland für immer den Rücken kehren würde (zumindest aus damaliger Sicht nicht – wir dachten immer noch, die Emigration nach Australien wäre nur eine Zwischenlösung), wollte ich die wenigen Tage unseres Zusammenseins nutzen und mich natürlich auch von ihr verabschieden. Daher bin ich nach dem bestandenen Examen sofort nach Hause gefahren.

Klaus Tofahrn: Als Ihre Schwester Deutschland verließ und nach Australien „übersiedelte", hatten da auch Sie den Wunsch, schließlich verschlechterten sich ja die Lebensbedingungen für die deutschen Juden im Reich kontinuierlich, zu emigrieren?

Susi Herz: Der Abschied, ich wußte damals nicht, wann und ob ich meine Schwester jemals wiedersehen würde, schmerzte schon sehr. Aber trotz dieses Abschiednehmenmüssens war es für mich selbst kaum vorstellbar, aus Deutschland zu emigrieren. Ich hatte ja gerade mein Studium erfolgreich abgeschlossen, und so war ich neugierig – ja geradezu besessen – endlich eine Anstellung zu bekommen. Ich freute mich auf diesen „neuen" Lebensabschnitt, auf den Eintritt in den Beruf.

Klaus Tofahrn: Bekamen Sie nach bestandenem Lehrerexamen sofort eine Anstellung an einer jüdischen Schule? Konnten Sie also Ihren Beruf sofort ausüben?

der deutschen Bevölkerung verstärkten sich. Viele (Politiker, Intellektuelle, Wirtschaftsführer, Adel, Militärs aber auch Kirchenfürsten etc.) hielten die Juden für den Abschwung der deutschen Wirtschaft verantwortlich. Während der achtziger Jahre wurden in Deutschland antijüdische Kongresse veranstaltet. Im Jahre 1880 kam eine „Petition", die rd. 250.000 Unterschriften enthielt, zustande, diese forderte, die Juden aus allen führenden Stellen im Reich auszuschließen. Rechtskonservative Parteien und Gruppierungen nahmen „die Abwehr des Judentums", den Antisemitismus in ihre Parteiprogramme auf – die Geburt des politischen Antisemitismus. Die „Rolle" (ihr Status) der Juden in der deutschen Gesellschaft hatte sich somit nach wenigen Jahren, die vom Geiste der Emanzipation und des Liberalismus geprägt waren (z.B. durch Gewährung der Staatsbürgerschaft und durch die Anerkennung der „Bürgerrechte" etc.), erheblich verschlechtert. Aus dieser globalen und unbegründeten „Schuldzuweisung" versuchten die einflußreichen Makrogruppen (politische Parteien, Interessenverbände etc.) Kapital zu schlagen. Siehe hierzu auch: Jäkkel/Longerich/Schoeps 1998, S. 53 – 61; Zimmermann/Rieker 1998, S. 180 – 191. Die Familie Jotkowitz hatte Verwandte in Australien, die im Jahre 1890 Deutschland auf Grund der antisemitischen Tendenzen verließen und nach Australien auswanderten. Diese Verwandten kümmerten sich auf Grund der Anfrage von Hilde Jotkowitz um die notwendigen Ausreisepapiere, die dann auch von den zuständigen australischen Stellen ausgegeben wurden.

Das Interview

Susi Herz:	Nein, das ging nicht sofort. Die Aufnahme bzw. Ausübung eines Berufes war auch im Jahre 1937 – insbesondere für jüdische Frauen - mit etlichen Schwierigkeiten verbunden. An einer deutschen Schule als orthodoxe Lehrerin eine Anstellung zu bekommen, das war unmöglich. Ich habe mich in Hamburg und ich glaube auch in Würzburg bei einigen noch funktionsfähigen jüdischen Bildungs- und Erziehungsanstalten - z.B. Kindergärten – beworben, leider zunächst ohne den gewünschten Erfolg. Über eine Freundin hörte ich dann, daß das jüdische Kinderheim in Berlin Erzieherinnen für die Betreuung der Kinder suchte. Sowohl meine Freundin als auch ich haben uns um diese Positionen beworben, und wir hatten Glück, man hat uns genommen. Das war für uns beide gut. Wir hatten ja zusammen in Würzburg studiert und kannten uns daher ziemlich genau. Das war für jede von uns „beruhigend".
Klaus Tofahrn:	Das hieß somit, Frau Herz, daß Sie Hamburg verlassen mußten, um nach Berlin überzusiedeln. Wann war das?
Susi Herz:	Ganz recht. Ich habe Hamburg und damit auch mein Elternhaus verlassen müssen. Das war, wenn ich mich richtig erinnere, im Frühsommer – also Mai oder Juni – 1937.
Klaus Tofahrn:	Ein Wechsel von Hamburg in die Reichshauptstadt, ins nationalsozialistische Machtzentrum, der muß doch auch ihre Lebensumstände tangiert haben? Können Sie darüber etwas berichten?
Susi Herz:	Mein Aufenthalt in Berlin war eine gute Erfahrung für mich, gut deswegen, weil ich eine interessante und recht ordentlich bezahlte Arbeit hatte. Ich war in der Lage, mich selbst zu ernähren. Darauf war ich sehr stolz. Zum erstenmal in meinem Leben war ich unabhängig, finanziell unabhängig von meinen Eltern. Mit voranschreitender Zeit wurde aus der „guten Erfahrung"– wenn ich diesen Ausdruck noch einmal gebrauchen darf – eine für mich – und natürlich auch für meine anderen jüdischen Kollegen und Kolleginnen – „bittere, sehr bittere Pille".
Gabriele Khanna:	Was meinen Sie damit konkret?
Susi Herz:	„Bitter" war es deswegen, weil wir als Juden von den Nazis aber auch von der „normalen" deutschen Öffentlichkeit mehr und mehr ins Abseits gedrängt wurden. Beleidigungen und Denunziationen

	waren an der Tagesordnung. Ich muß sagen, immer wenn ich das Kinderheim verließ, fühlte ich mich unsicher. So war ich immer froh, wenn ich das Kinderheim nicht verlassen mußte. Schon zu dieser Zeit – es war ja noch die Zeit vor dem Novemberpogrom[28] – hatte ich Angst – vielleicht war ich auch zu ängstlich, ich war ja ein introvertierter Typ – in die Öffentlichkeit zu gehen.
Gabriele Khanna:	Bitte, schildern Sie uns doch Ihren Berufsalltag in Berlin.
Susi Herz:	Da galt es die üblichen Aufgaben zu erledigen, die nun einmal in einem Kinderheim anfielen. Wir kümmerten uns um das leibliche und seelische Wohl unserer uns anvertrauten Kinder und somit auch um die organisatorischen Abläufe innerhalb einer derartigen Institution. Die Kinder sind jeden Morgen in die diversen jüdischen Schulen in Berlin gegangen bzw. gefahren (mit der Straßenbahn). Begleitet wurden sie von einem größeren Mädel oder Jungen. Die Fahrt zu den jüdischen Schulen war für unsere Kinder nicht sicher. Oft wurden sie von Deutschen verprügelt und dabei zum Teil recht schwer verletzt, was wir im nachhinein von den behandelnden Ärzten erfuhren. Es gehörte nicht zu unseren Aufgaben, die Kinder zu den jeweiligen Schulen zu bringen. Wir achteten sehr darauf, daß die Schuluniformen perfekt in Ordnung waren (z.B. der Sitz der Schülermütze, das Halstuch etc.). Natürlich konnten die deutschen Schülerinnen und Schüler uns an der Kleidung als Juden erkennen, wir wollten aber nach außen hin durch unsere saubere und ordentliche Kleidung und durch unser Verhalten dokumentieren, daß wir wohlerzogene und disziplinierte „Menschen" sind. Wir wollten der allgemeinen Öffentlichkeit und den Nazis im besonderen keinen Anlaß geben – z.B. durch eine unordentliche Kleidung - uns auf Grund von Äußerlichkeiten zu beschimpfen.
Klaus Tofahrn:	Wie lange haben Sie denn überhaupt in Berlin gearbeitet?
Susi Herz:	Das war nicht sehr lange. Es waren nur einige Monate, ungefähr ein halbes Jahr.

---

[28] *Pogrom (russ);* allgemeine Bezeichnung für Ausschreitung, Hetze gegen nationale, rassische und religiöse Minderheiten; wird im besonderen als Synonym für die Judenverfolgungen (verbunden mit Vertreibung und Vernichtung) gebraucht.

Das Interview

Klaus Tofahrn: Was war der Grund für eine derartig kurze Beschäftigungsdauer?

Susi Herz: Ich hatte gehört, daß die jüdische Schule in Bonn Lehrerinnen suchte. So bot sich für mich endlich die Chance, in dem von mir erlernten Beruf tätig zu werden. Also habe ich mich um die Stelle beworben. Ich hatte Glück und habe die Stelle in Bonn bekommen.

Klaus Tofahrn Was ist aus Ihrer Studienkollegin und Freundin geworden?

Susi Herz: Sie hatte ebenfalls Glück und bekam eine Stelle als Lehrerin in einer jüdischen Schule direkt in Berlin. Sie war aber auch Berlinerin.

Klaus Tofahrn: Was genau haben Sie in Bonn gelehrt und wie lange konnten Sie Ihren Beruf als Lehrerin in Bonn ausüben?

Susi Herz: Ich war etwas länger als 1 Jahr in Bonn beruflich tätig. Eigentlich bis zur „Reichskristallnacht[29]", die ich in Bonn erlebt habe bzw. leider miterleben mußte).

Exkurs: Reichspogromnacht (9./10. November 1938)
Ein offensichtlich willkommener Anlaß für die Auslösung der organisierten Pogrome durch die nationalsozialistische Staatsgewalt war das durch den Juden Herschel Grynzspan (Heiber 1957, S. 134 - 172; Kaul 1965; Roizen 1986, S. 217 - 228) am 7. November 1938 in Paris ausgeübte Attentat auf den deutschen Legationssekretär Ernst von Rath. Am 9. November erlag von Rath seinen Verletzungen (Dröscher 1998, S. 9 ff). An dieser Stelle wollen wir darauf hinweisen, daß schon frühzeitig der nationalsozialistische „Rassenwahn" erkannt werden konnte. Bereits im Parteiprogramm der NSDAP vom 24. November 1920 wurde eine „pogrome" Behandlung von „Nichtdeutschen" (demzufolge sollten Deutsche jüdischer Herkunft ihre Staatsangehörigkeit verlieren) formuliert (Dressen 1997, S. 38, siehe hierzu auch: www.yale.edu/lawweb/avalon/document/nsdappro.htm). Bereits unmittelbar nach der nationalsozialistischen Machtübernahme und somit zeitlich weit vor den „Reichskristallnachtereignissen" setzte in NS-Deutschland (für jedermann sichtbar [Klemperer 1996

---

[29] Die Reichspogromnacht ist zunächst der Höhepunkt der gegen den jüdischen Bevölkerunsanteil laufenden Verfolgungs- und Ausgrenzungsakte im Dritten Reich. Die Entrechtung und Verfolgung der Juden während des nationalsozialistischen Gewaltregimes erfolgte in mehreren Radikalisierungsstufen, die alle Sektoren der staatlichen Macht (Bildung, Politik, Propaganda, Partei, Terror, Wirtschaft etc.) mit einschlossen. Einen exemplarischen „Fahrplan" über diese Ereignisse beinhaltet das Kapitel 5 (Zeitplan 1930 – 1945, Seiten 111 bis 129) dieser Arbeit.

und 1999; Schoenberner 1962]) ein massiver judenfeindlicher Aktionismus ein („Judenboykott" [April 1933]). Das von den Nationalsozialisten geschaffene „Gesetz zur Wiederherstellung des Berufsbeamtentums" (7. April 1933) führte zu einer „formaljuristischen" Aussonderung jüdischer Bevölkerungsteile aus dem öffentlichen Dienst (H. Mommsen 1966). So wurde der Anteil der jüdischen Studenten an den deutschen Hochschulen per „Gesetz" (25. April 1933) auf 1,5 Prozent begrenzt (Dröscher 1998, S. 18). Siehe hierzu auch: Heiber 1991, 1992 und 1994). Eine weitere Eskalation und Radikalisierung der nationalsozialistischen „Judenpolitik" bewirkten die Beschlüsse auf dem Nürnberger Parteitag der NSDAP. Mit den hier verkündeten „Nürnberger Gesetzen" (Reichsbürgergesetz, Gesetz zum Schutze des deutschen Blutes und der deutschen Ehre - 15.09.1935) wird die Trennung zwischen dem jüdischen und deutschen Bevölkerungsteil eingeleitet bzw. vollzogen. Die zunächst durch die nationalsozialistische Propaganda verschleierte Zielsetzung der nationalsozialistischen Diffamierungs- und Verfolgungspolitik gegenüber den deutschen Juden wird durch die „Novemberereignisse" offenbar, nämlich: „ [...] - Ausschaltung der Juden aus dem deutschen Wirtschaftsleben (Genschel 1966); - Verminderung des jüdischen Bevölkerungsanteils durch verstärkten Auswanderungsdruck; - Ausplünderung und Enteignung jüdischer Vermögen" (Dröscher 1998, S. 10; Ludwig [o.J.]). Am 27./28. Oktober 1938 - also kurz vor den Geschehnissen in der „Reichskristallnacht" - wurden durch die Gestapo (auf Anweisung des Auswärtigen Amtes) rd. 17.000 polnische Juden verhaftet, um nach Polen (größtenteils nach Zaszyn) deportiert zu werden. Siehe hierzu auch: Brockschmidt 1997, S. 60 - 62; Heid 1994, S. 29 - 43; Maurer 1988; S. 52 - 73; Swarsensky 1988; S. 27 - 30; Y. Weiss 1994; S. 215 - 232. Als Reaktion auf die „Kristallnachtereignisse" zogen die USA ihren Botschafter aus Berlin ab. Kommentar des US-amerikanischen Präsidenten Franklin D. Roosevelt (1882 - 1945): „Ich hätte es nicht für möglich gehalten, dass solche Dinge in einer zivilisierten Gesellschaft des zwanzigsten Jahrhunderts passieren können" (zitiert nach Rogasky 1999, S. 197).

In der „Besprechung über die Judenfrage" am 12. November 1938 (Teilnehmer: Funk [1890 - 1960]; Goebbels [1897 - 1945], Göring [1893 - 1946], Graf Schwerin von Krosigk [1987 - 1977] u.a.) nennt Heydrich (1904 - 1942) folgende Zahlen: 101 durch Brand zerstörte Synagogen, 76 demolierte Synagogen und rd. 7.500 demolierte und zerstörte Geschäfte (Dröscher 1998, S. 124 ff.). Der deutschen Bevölkerung (dem plündernden und randalierenden Mob) wurden zwar am 10. November 1938 durch das Reichspropagandaministerium und im späteren Verlauf „auf ausdrücklichen Befehl allerhöchster Stelle" (Dröscher 1998, S. 109) weitere Aktionen (Demonstrationen, Plünderungen, Brandstiftungen etc.) verboten. Diese Vorgehensweise der nationalsozialistischen Führungselite erfolgte allerdings nicht aus „ethisch-humanitären" Erwägungen, vielmehr gaben hier außenpolitische und vor allem ökonomische Überlegungen den Ausschlag. Außenpolitisch wollte man offensichtlich eine Schadensbegrenzung (viele ausländische Medien reagierten empört auf die Vor-

Das Interview

gänge in Deutschland und insbesondere in Berlin) erreichen; ökonomisch war die Zerschlagung (Vernichtung) von jüdischem Besitz und Eigentum nicht im Sinne der nationalsozialistischen Führung, da hier volkswirtschaftlich nutzbare Werte sinnlos vernichtet wurden (Barkai 1986, S. 45 - 68; W. Fischer 1961). In diesem Zusammenhang ist der bekannte Satz von Hermann Göring anzuführen, den er anläßlich der „Besprechung über die Judenfrage" am 12. November 1938 wie folgt formulierte: *„Mir wäre lieber gewesen, ihr hättet 200 Juden erschlagen und hättet nicht solche Werte vernichtet."* (Unterstreichung vom Vf.). Zu den Themen „Judenpogrome", „Judenverfolgung" und „Antisemitismus" siehe hierzu auch: Faust 1987; Förster/Hirschfeld (Hrsg.) 1999; Freimark/Kopitzsch 1978; Graml 1958; Jochmann 1971, S. 409 - 510; Kershaw 1981, S. 261 - 289; Kochan 1957; Lauber 1981; Longerich 1998; H. Mommsen 1983, S. 381 - 420; Nolte 1995, S. 39 - 47; Pätzold 1975, 1982; S. 193 - 216 und (Hrsg.) 1983; Paucker (Hrsg.) 1986; Pehle (Hrsg.) 1988; Rosenkranz 1968; Rummel 1997; Schoeps/Schlör (Hrsg. 1996); Strauss/Kampe (Hrsg.) 1985; Thalmann/Feinermann 1987; Weinzierl 1969. Zu Hitlers „grundlegenden" Ausführungen zum nationalsozialistisch geprägten **Antisemitismus** verweisen wir auf die Arbeiten von Phelps (1968, S. 390 - 420) und auf Poliakov (1988).

Für den 13. November 1938 ist bei Joseph Goebbels folgender Eintrag in seinem Tagebuch zu finden: „Gestern: [...] Im Lande herrscht nun absolute Ruhe: Ich gebe Weisung heraus, daß Juden Besuch von Kinos und Theatern verboten ist. Das war notwendig und zweckmäßig. Meine Erklärungen vor der Auslandspresse werden in der ganzen Welt groß herausgebracht. Sie fassen alle meine Argumente zusammen. Wir sind schon wieder in der Offensive. Der Chefkorrespondent von Reuter kommt eigens zu einem Interview nach Berlin geflogen. Ich gebe ihm rückhaltlos Aufklärung und beklage mich über die Haltung der englischen Presse. Führe dafür eine Unmenge von Beispielen an. Er ist sehr betroffen. Ich glaube, er wird dementsprechend schreiben. Macht sehr guten Eindruck. Heydrich gibt einen Bericht über die Aktionen. 190 Synagogen verbrannt und zerstört. Das hat gesessen. Konferenz bei Göring über die Judenfrage. Heiße Kämpfe um die Lösung. Ich vertrete einen radikalen Standpunkt. Funk ist etwas weich und nachgiebig. Ergebnis: die Juden bekommen eine Kontribution von einer Milliarde aufgelegt. Sie werden in kürzester Frist gänzlich aus dem wirtschaftlichen Leben ausgeschieden. Sie können keine Geschäfte mehr betreiben. Bekommen dafür nur Schuldbuchverrechnungen zu 6 %. Die Schäden müssen sie selbst decken. Versicherungsbezüge verfallen dem Staat. Noch eine ganze Reihe dieser Maßnahmen geplant. Jedenfalls wird jetzt tabula rasa gemacht. Ich arbeite großartig mit Göring zusammen. Er geht auch scharf heran. Die radikale Meinung hat gesiegt. Ich setze für die Öffentlichkeit ein sehr scharfes Communiqué auf. Das wirkt wie eine Erlösung. Die große Sensation des Tages. Der Tote kommt den Juden teuer zu stehen. Im Büro noch lange weiter gearbeitet. In Prag will man Chvalkowski zum Präsidenten machen. Das wäre gar nicht schlecht. In Paris brütet man über Notverordnungen zur Rettung der Wirtschaft und kommt zu keinem Entschluß. Die typische Demokratie! Mit Magda palavert. Es geht ihr leider gesundheitlich nicht gut. Die Kinder dagegen sind lieb, heiter und fidel. Mit dem Diktat zu meinem Buch angefangen. 2 Kapitel fertig. >>Adolf Hitler. Ein Mann, der Geschichte macht<<. Ich glaube es wird großartig. Spät erst ins Bett. Heute auch am Sonntag viel Arbeit" (ebd. 1999 S. 1284 - 1285).

Exkurs: Ende

Klaus Tofahrn: Könnten Sie uns als Augenzeugin über die Geschehnisse, die Sie in Bonn miterleben mußten, berichten?

Susi Herz: Ich tue das nicht so gerne, da – und ich glaube, das gilt wohl für alle Juden, die den Terror des Nazi-Regimes ertragen mußten - eine „Rückerinnerung" auf diese Ereignisse für mich immer noch mit Ängsten und Schrecken verbunden ist. Die Brutalität mit dem die Angehörigen der SA (ich glaube es war die SA, aber es waren auch ganz „normale" Deutsche unter den Schlägern) gegen uns vorgingen, kann ich auch heute nach so vielen Jahren, die zwischenzeitlich vergangen sind, nicht vergessen. Es kommt vor (zwar nicht mehr so oft wie in früheren Jahren), daß ich nachts von diesen „Erlebnissen" träume, und ich brauche schon einige Zeit, um mich zu vergewissern, daß dieser „Spuk" doch vorbei ist. In Bonn begann es am späten Nachmittag des 9. Novembers 1938. Es kam zunächst zu grölenden „Versammlungen" von SA- und SS-Leuten und vielen anderen NS-Sympathisanten. Wenn ich mich richtig erinnere, brannte auch in Bonn unsere Synagoge. Auch unsere Lehranstalt blieb von dem NS-Terror nicht verschont. Wir hatten die Fenster unserer Schule mit Hilfe der Blendläden geschlossen. so hofften wir – jedoch vergebens – von den Pöbeleien verschont zu bleiben. Obwohl die Stadt Bonn einen, meiner Meinung nach, unglaublich jüdisch-freundlichen Stadtrat hatte, konnte oder wollte dieser die Ausschreitungen nicht verhindern. Die NS-Schläger drangen auch in unsere Schule ein. Viele Lehrer unserer Schule in Bonn wurden mitten aus dem Unterricht, sofern dieser noch stattfand, von den Nazischergen abgeführt (offiziell hieß es „in Schutzhaft" genommen). Von diesen „verhafteten" Kollegen habe ich nie mehr etwas gehört. Ich selbst wurde bespuckt und geschlagen und als „Judensau" oder „Judenhure" tituliert. Unser Schulgebäude wurde demoliert, zum Teil ausgeplündert und durch Brandsätze, die die Nazis gelegt hatten, erheblich beschädigt. Die Schulleitung versuchte zwar nach dem Ende des Pogroms den Unterricht für die jüdischen Kinder weiterzuführen,

Das Interview

das gelang aber nur zum Teil. Viele Kinder der Gemeinde – die jüdische Gemeinde in Bonn bestand in etwa aus rd. 4.000 Personen – blieben nach den „Novemberereignissen" bei ihren Eltern zu Hause. Außerdem war ja, wie ich bereits sagte, ein Teil des Lehrkörpers von den Nazis „abgeführt" worden und stand für die Durchführung eines geordneten Unterrichts einfach nicht mehr zur Verfügung. Auch für mich bedeuteten die Terror-Aktionen der Nazis das faktische Ende meiner Tätigkeit als Lehrerin in Bonn. Der Terror der Nationalsozialisten hatte meine berufliche Karriere, meine ökonomische Basis und meine Psyche zerstört. Nach dem „Ende" des Pogroms[30] war ich nicht mehr dieselbe Person. Ich ahnte, ja ich wußte nun, was auf mich, meine Familie und meine jüdischen Mitmenschen zukommen würde.

Klaus Tofahrn: Kurz bevor es zu den menschenverachtenden Exzessen, verursacht durch die Nationalsozialisten, kam, „schrammte" Europa soeben an einer kriegerischen Auseinandersetzung vorbei. Damit meine ich die „Sudetenkrise[31]", durch die sich die politische Situation in

---

[30] Offiziell wurde der Pogrom von der Reichsführung zum 10. November 1938 für „beendet" erklärt.

[31] Der Weg in die Zerschlagung der Tschechoslowakei: (entnommen aus: Tofahrn, Ein kleine deutsche Zeitgeschichte. 1930 – 1949):
21. Oktober 1935: Konrad Henlein, Führer der Sudetendeutschen Partei (SdP) fordert den sofortigen Anschluß der Sudetendeutschen Lande an das Reich.
18. Oktober 1937: Konrad Henlein, der Führer der Sudetendeutschen Partei, fordert von der tschechischen Regierung die Autonomie für die sudetendeutschen Gebiete.
23. März 1938: Die Deutsche Christlichsoziale Volkspartei verläßt die tschechoslowakische Regierung und tritt der Partei für die Sudetendeutschen unter der Führung von Konrad Henlein bei.
24. April 1938: Konrad Henlein fordert auf dem Parteitag der SdP in Karlsbad von der tschechoslowakischen Regierung eine Autonomie und die Gleichberechtigung für die sudetendeutsche Bevölkerung.
11. September 1938: Die SdP ruft die Bevölkerung in den sudetendeutschen Gebieten zu Demonstrationen auf. Dabei kommt es zum Teil zu gewaltsamen Auseinandersetzungen mit der Polizei.
13. September 1938: Die tschechische Regierung verhängt über die. Bezirke des Sudetenlandes das Standrecht (Todesstrafe bei Aufruhr).
15. September 1938: Hitler und der britische Premierminister Chamberlain treffen sich zu einem Meinungsaustausch (Krisenmanagement) in München und beraten (später auch in Berchdesgaden) über die Lösung der Sudetendeutschen Frage.
16. September 1938: Die SdP wird von der tschechischen Regierung als aufgelöst erklärt. Konrad Henlein, der Führer der SdP, wird per Steckbrief von den Behörden gesucht.
21. September 1938: Die tschechische Regierung nimmt die von den Regierungen Frankreichs und Großbritanniens gemachten Vorschläge vom 19. September 1935 (Memorandum auf Abtretung des Sudetenlandes an das Deutsche Reich) an.

Europa dramatisch zuspitzte, die letztendlich aber noch einmal durch die vom britischen Premierminister Chamberlain (1869 – 1940) gegenüber Hitler (1889 – 1945) betriebene „Appeasement-Politik" mit dem Münchener Abkommen politisch gelöst werden konnte. Wie haben sie, Ihre Freunde und Bekannten bzw. Ihre Eltern diesen Vorgang bewertet? Hatten Sie Hoffnung, daß England dem nationalsozialistischen Hegemoniestreben entgegentreten könnte, so daß sich auch die Situation der Juden im Dritten Reich hätte „verbessern" können?

22. September 1938: Hitler und Chamberlain konferieren in Bad Godesberg über eine Lösung des sudetendeutschen Problems. In diesem Gespräch teilte der britische Premierminister Hitler die Entscheidung des britischen Kabinetts mit, das das Selbstbestimmungsrecht der sudetendeutschen Bevölkerung sowie die Abtretung der Gebiete an Deutschland billigte. Hitler selbst weitet in dieser Unterredung seine Forderungen aus und droht Chamberlain die sofortige Besetzung (durch den Einmarsch der deutschen Wehrmacht) der sudetendeutschen Gebiete an. Hitler: „Die Unterdrückung der Sudetendeutschen und der Terror, den Benesch gegen sie ausübt, dulden keinen Aufschub" (Hitler zitiert aus Goebbels Tagebuch, Bd. 3: 1935 - 1939, S. 1270). Dazu schreibt Goebbels unter dem Eintrag vom 23. September 1938: „Gestern [...] Der Führer will Chamberlain seine klaren Forderungen unumwunden vorlegen und sich nichts dann [!] abhandeln lassen. Ob er sich zum Sachwalter Polens oder Ungarns macht, steht noch nicht fest. [...] Um 4^h nachmittags beginnt die Unterredung des Führers mit Chamberlain. Sie dauert bis abends nach 7^h. Der Führer geht genauso vor, wie er beabsichtigte. Die Karte mit seiner Demarkationslinie erregt bei Chamberlain einiges Entsetzen. Aber er faßt sich dann schnell, als der Führer ihm erklärt, daß eine Grenze nach Anwendung von Gewalt strategischer Art sei und wesentlich anders aussehen würde. Unterdeß rollt unsere Mobilmachung weiter. Chamberlain ist schon zufrieden, daß wenigstens nicht sofort Gewalt angewendet wird. Auf die Garantieforderung für die Rumpftschechei geht der Führer garnicht ein. Er lehnt das ab in Hinblick auf Polen und Ungarn. [...] Am 28. September ist bei uns alles fertig zum militärischen Eingreifen. Bis dahin muß die Lösung da sein, so oder so. Jetzt geht es darum nachzustoßen. Denn was fällt, das soll man ja noch stoßen. Bis jetzt ist die Sache gut angelaufen. [...]"(ebd., S. 1269 - 1270).

29./30 September 1938: Auf der Münchener Konferenz vereinbaren Chamberlain, Daladier (1884 - 1970), Mussolini (1883 – 1945)und Hitler die Abtretung der sudetendeutschen Gebiete an das Deutsche Reich. Danach fallen rd. 29.000 km², auf denen rd. 3,7 Mio. Menschen leben, an Deutschland.

1. Oktober 1938: Konrad Henlein wird von Adolf Hitler zum Reichskommissar für die sudetendeutschen Gebiete ernannt. Gleichzeitig rückt die deutsche Wehrmacht in die dem Deutschen Reich übertragenen Gebiete (zunächst nur Zone 1) ein.

3. Oktober 1938: Hitler besucht das ins Reich „heimgeholte" Sudetenland und spricht auf einer Großkundgebung in Eger.

11. Oktober 1938: Neben der tschechischen Krone wird die Reichsmark gesetzliches Zahlungsmittel in den sudetendeutschen Gebieten.

4. Dezember 1938: Per Erlaß durch den Führer und Reichskanzler Adolf Hitler finden in den sudetendeutschen Gebieten Wahlen zum Großdeutschen Reichstag statt.

Das Interview

Susi Herz: Das ist ein schwieriges Thema, das Sie, Herr Tofahrn, jetzt ansprechen. Ich war zum damaligen Zeitpunkt 22 Jahre alt und hatte, wie man so sagt, mit Politik nicht soviel „am Kopf", d.h. sie (die Politik) war für mich von einem untergeordneten Interesse. Ich konzentrierte mich voll aufs Berufsleben, so daß ich meine ganze Aufmerksamkeit der Lehr- und Erziehungstätigkeit für die mir anvertrauten Schülerinnen und Schüler widmete. Natürlich gingen die Vorgänge um die sudetendeutsche Krise auch an mir und meinen Kolleginnen und Kollegen nicht spurlos vorüber. Im Lehrerkollegium diskutierten wir oft und intensiv über die sehr kritische politische Situation und ihre Auswirkungen auf das Dritte Reich und Europa. Wie so oft, waren die Meinungen gespalten. Ein Teil meiner Kolleginnen und Kollegen hoffte, daß insbesondere die Engländer – also Chamberlain – den Forderungen Hitlers nicht nachgeben würde. Der von Ihnen bereits erwähnte „Sudetenführer" Konrad Henlein schürte ja, auch für die deutsche Öffentlichkeit sichtbar, den Rassenhaß und -wahn in der damaligen Tschechoslowakei. Viele von uns konnten sich nicht vorstellen, daß Frankreich und Großbritannien Hitler „freie Hand" geben würden und das, wie sich später herausstellte, ohne entsprechende Gegenleistung (Hitlers Beteuerungen, nunmehr keine Gebietsansprüche[32] mehr an die Prager Regierung zu stellen, erwiesen sich als Trugschluß), war für die meisten – darin schließe ich mich mit ein – eigentlich unvorstellbar. Wir hatten gehofft, daß gerade Großbritannien das Deutsche Reich – also Hitler und seine Volksgenossen – durch eine entschieden vorgetragene Politik der „Unnachgiebigkeit", ja der Stärke von seinem Machtstreben abhalten könnte. Wir waren der Meinung – leider mußten wir das Gegenteil erfahren – daß dann auch die Situation der deutschen Juden im Reich sich wieder verbessern würde. Das Gegenteil ist ja dann – wie Sie richtig bemerkten – eingetreten. Einige – aber das waren wenige; ich wiederhole, es waren sehr, sehr wenige - von uns, Damen und Herren aus meinem Lehrerkollegium und meinem Bekanntenkreis, „erhofften" auf Grund der hitlerischen Erpressung gegenüber der Tschechoslowakei ein militärisches Eingreifen der Engländer, die

---

[32] Am 15. März 1939 rückten Deutsche Truppen in die Resttschechoslowakei ein und erreichten ohne Widerstand die tschechische Hauptstadt Prag. Am folgenden Tag wurde von Adolf Hitler das „Reichsprotektorat Böhmen und Mähren" ausgerufen. Offensichtlich „beeindruckt" von diesem nicht unerwarteten Vorgehen Deutschlands gegen die Resttschechoslowakei beendete am 17. März 1939 mit seiner Rede in Birmingham der britische Premierminister Chamberlain seine „Appeasementpolitik". gegenüber dem Deutschen Reich.

Die Lebenserzählung der Susi Herz: 60 Jahre (danach) sind nicht vergessen

meisten von uns lehnten jedoch eine militärische Auseinandersetzung ab. Die Folgen einer solchen militärischen „Aktion" für den gesamten europäischen Kontinent konnten wir alle nicht abschätzen. So bleibt die Frage unbeantwortet, ob sich unsere Situation – also die Lage der Juden im Dritten Reich – bei einem härteren englischen Widerstand gegen Hilers Offensivpläne entscheidend verbessert hätte, hypothetischer Natur. Aus dem Blickwinkel der „Rückbesinnung" betrachtet, glaube ich das nicht. Hitler war in seinem Hegemoniestreben – wenn ich einmal den von Ihnen gewählten Terminus benutzen darf – in seiner „Kriegslust" offensichtlich von niemandem mehr aufzuhalten – mit den bekannten schrecklichen Folgen für uns alle.

Klaus Tofahrn: Wie ordnen Sie die Rolle, die die beiden großen christlichen Kirchen, während der Nazi-Zeit spielten, ein? Konnten die jüdischen Gemeinden hier auf Unterstützungen, quasi auf „seelischen" Beistand hoffen?

Susi Herz: Ich hatte Ihnen gesagt, daß ich orthodoxe Jüdin war und bin. Die jüdische Religion, die Beachtung und Durchführung ihrer Glaubensgrundsätze und Regeln hatte in meinem ganzen Leben eine herausragende Stellung.. Aus meiner Sicht gab es keinen Kontakt zwischen den jüdischen Gemeinden und den beiden christlichen Kirchen[33]. Damit meine ich die Institution „Kirche" selbst und

---

[33] Ähnlich wie auf der politisch-föderativen Ebene (Verhältnis von Reich und Länder) wurde von den Nationalsozialisten auch bei den kirchlichen Organisationen und Institutionen der Gleichschaltungsprozeß forciert. Bereits Anfang Dezember 1933 schlossen sich die evangelischen Jugendverbände der nationalsozialistischen Hitlerjugend an. Es kam noch schlimmer: Zahlreiche landeskirchliche Verfassungen wurden novelliert und der „Arierparagraph" eingeführt (van Norden 1979, S. 357 ff.). Für den Raum Groß-Berlin wurde vom „Gauobmann der Deutschen Christen" die Forderung nach einem Ausschluß von der Gottesdienstteilnahme „von allem >>Undeutschen<<" erhoben. Ferner muß das „evangelische Bekenntnis vom >>Alten Testament mit seiner jüdischen Lehrmoral<< und seinen >>Viehhändler- und Zuhältergeschichten<<" gesäubert werden (ebd. 1963, S. 130). Zum Verhältnis der katholischen und protestantischen Kirchen zu den nationalsozialistischen Machthabern verweisen wir auf die Arbeiten von Lewy (1965); K. Meier (1992) und H. Müller (1965). Im einzelnen:
23. Juli 1933: Bei den Kirchenwahlen der evangelischen Landeskirchen erringt die den Nationalsozialisten nahestehende „Glaubensgemeinschaft" der „Deutschen Christen" einen totalen Triumph. Im Durchschnitt kann diese Gruppe dank großer Unterstützung und der parallel laufenden Einschüchterung der Oppositionellen (Evangelium und Kirche) durch die Nationalsozialisten rd. zwei Drittel aller abgegebenen Stimmen auf sich vereinigen. Ulrich von Hehl (1993, S. 165) tituliert die „Deutschen Christen" als „eine innerprotestantische [Anm. d. Vf.: nationalsozialistisch orientierte und -gläubige) Hilfstruppe, die nach der politischen nunmehr auch die kirchliche Machtergrei-

Das Interview

fung erstrebte." Eine „Führungsfigur" der Deutschen Christen war der Berliner Pfarrer und Bischof von Brandenburg (5. September 1933) Joachim Hossenfelder. Er konnte für die Fraktion der „Deutschen Christen" bei den preußischen Kirchenwahlen im Jahre 1932 einen beachtlichen Erfolg (rd. ein Drittel der Sitze) verbuchen. Bereits zu diesem Zeitpunkt wurde „rassenideologisches" (völkisches) Gedankengut in den kirchlichen Anforderungskatalog des „Christenmenschen" aufgenommen: Dieser - für die Öffentlichkeit erkennbar [Anmerk. des Vf.] - erwartete von einem „Deutschen Christen" einen „artgemäßen Christus-Glauben, wie er deutschem Luthergeist und heldischer Frömmigkeit entspricht" (Beckmann [Hrsg.] 1976, S. 14 zitiert nach von Hehl 1993, S. 159). Nicht der Glaube an Jesus Christus, unseren Herrn, sondern die „Rassenreinheit" - welch ein Wahn - wurde zum „Aufnahmekriterium" einer Glaubensgemeinschaft erhoben (entnommen aus: Tofahrn, Eine kleine deutsche Zeitgeschichte 1930 - 1949).

3. Oktober 1934: In Stuttgart erläutert der deutsche Reichsbischof Ludwig. Müller seine Auffassung über die Einheit von Staat und Kirche (gemeint ist die protestantische Kirche) zum Wohle des gesamten Deutschen Volkes.

1. Juni 1935: Der Reichsinnenminister Wilhelm Frick (1887 – 1946) äußert sich in seiner Rede in Erfurt kritisch zum Verhältnis von Staat und Kirche, es sei „die unangenehmste und schwerwiegendste Frage überhaupt."

24. September 1935: Die Reichsregierung erläßt das „Gesetz zur Sicherung der Deutschen Evangelischen Kirche" und ernennt Hanns Kerrl (1887 – 1941) zum Kirchenminister (Reichsminister für kirchliche Angelegenheiten).

15. Februar 1937: Der Reichsminister für kirchliche Angelegenheiten, Hanns Kerrl, wird von Hitler angewiesen, die Durchführung einer verfassunggebenden Generalsynode für die Christen der Deutschen Evangelischen Kirche vorzubereiten.

2. Oktober 1937: Die Ersatzhochschulen (inkl. der Lehr- und Prüfungsämter) der Bekennenden Kirche Deutschlands werden auf Anweisung Himmlers (1900 – 1945) geschlossen und aufgelöst. Mit diesem Vorgehen wollen die Nationalsozialisten den Widerstand der evangelischen Kirche brechen. Natürlich leisteten beide Kirchen (im Rahmen ihrer Möglichkeiten) Widerstand gegen das Nazi-Regime, auf den wir an dieser Stelle verweisen wollen. Insbesondere mit der „Barmer-Theologischen-Erklärung" widersetzten sich die Vertreter der ev. „Bekennenden Kirche" den Gleichschaltungsmechanismen der Nationalsozialisten. Sie bekennen sich zu den Grundsätzen des menschlichen Zusammenlebens gemäß den in der Bibel dargelegten Regeln und lehnen u.a. das „Führerprinzip" und die „Bevorzugung" der Arier (Arierparagraphen) ab. Bereits im Jahre 1935 wurden im Zuge der „Kanzelverkündigungen" die „rassisch-völkische Weltanschauung" der Nationalsozialisten, der Antisemitismus und die Willkür der nationalsozialistischen Sicherheitsorgane (z.B. SA, SS, Gestapo) angeprangert (Benz 1994, S. 16 - 21). Hierbei handelt es sich jedoch um Einzelfälle: Nicht die „Bekennende Kirche" als Gesamtinstitution wandte sich offen gegen das von dem nationalsozialistischen Terror-Regime verübte Unrecht, sondern mutige und unerschrockene Einzelpersonen (u.a. Dietrich Bonhoeffer [1906 - 1945], Clemens August Graf von Galen [1878 - 1946], Max Josef Metzger [1887 - 1944], Martin Niemöller [1892 - 1984]), die gestärkt durch ihren Glauben an Gott und Jesus Christus die Konsequenzen ihres Handelns auf sich nahmen. Siehe hierzu auch: G. Niemöller 1984; M. Niemöller 1979; W. Niemöller (Hrsg.) 1949 und 1961; Stein 1942. Zu den Schlagworten und Themen wie beispielsweise „Kirchenkampf", „Kirchenpolitik der Nationalsozialisten", „Widerstand der Kirchen gegen den Nationalsozialismus", „Die Rolle der Kirchen im Dritten Reich" etc. verweisen wir auf die einschlägige Literatur, u.a.: Arbeiten zur Geschichte des Kirchenkampfes; Conway 1969; Gotto/Repgen (Hrsg.) 1990; Hürten (Hrsg.) 1969 und 1992; K. Meier 1992; van Norden 1994, S. 68 - 82; Scholder (Hrsg.) 1982, 1988 und 1998 (2 Bde.).

nicht die möglichen Begegnungen auf individueller Ebene. Da wir wußten, daß sog. „kirchliche Oppositionelle", ähnlich wie wir, in die Konzentrationslager verbracht wurden, wurde eine Hilfe seitens der katholischen und evangelischen Kirche nicht von uns erwartet. Nein, wir (unsere jüdischen Organisationen) mußten versuchen – so gut es eben ging – uns selbst zu helfen.

Klaus Tofahrn: Kommen wir zurück auf die Reichspogromnacht. Was haben Sie nach dem Ende des Pogroms getan? Sie hatten ja Ihre Arbeit verloren und die Verhältnisse in Bonn – Sie waren dort auf sich selbst gestellt – erlaubten wohl kein längeres Verbleiben in dieser Stadt. Konnten Sie Kontakt zu Ihrer Familie in Hamburg aufnehmen? Sind Sie nach Hamburg zurückgegangen?

Susi Herz: Natürlich haben Sie Recht. Ich sagte es ja schon, durch den Terror der Nationalsozialisten, durch deren Pöbel, durch die durch sie angerichteten Zerstörungen und Verwüstungen, wurden uns die Arbeitsmöglichkeiten entzogen. Quasi von „heute auf morgen" stand ich vor dem Nichts. Ich war physisch – ich wurde von den Nazis geschlagen und körperlich gepeinigt – am Ende und psychisch sehr angeschlagen. Ich hatte keine andere Wahl als zu versuchen, nach Hamburg zurückzukehren und mich in den – so hoffte ich damals – rettenden Schoß meiner Familie zu begeben. Als am Abend – vielleicht war es auch schon Nacht, ich weiß das nicht mehr ganz genau – der NS-Terror „etwas" nachließ, bin ich auf die Straße gegangen und habe von einer öffentlichen Telefonzelle, die Telefonapparate in unserer Schule waren größtenteils zerstört und außerdem befürchtete ich, daß diese von der Gestapo überwacht wurden, meine Eltern in Hamburg angerufen. Die Telefonverbindung nach Hamburg kam zustande. Hier habe ich dann von meiner Mutter erfahren, daß mein Vater „auf Reisen" gegangen war. Der Inhalt dieses Terminus war allen Juden klar. Es bedeutete – und für mich war es eine schreckliche Gewißheit – daß mein Vater verhaftet worden war. Zunächst wußten wir alle nicht, was genau mit ihm geschehen war. Wir kannten weder den Grund seiner „Verhaftung" (das war ja üblich) noch seinen Aufenthaltsort. Mit dieser Bürde, dem Wissen, daß mein Vater von den Nazis verschleppt worden war, fuhr ich wenige Tage nach der „Kristallnacht", ich glaube es war der 15. oder 16. November 1938, zurück nach Hamburg, zu meiner Mutter und zu meiner Schwester.

Das Interview

Klaus Tofahrn:	Konnten Sie später erfahren, wohin man Ihren Vater „verbracht" hatte?
Susi Herz:	Ja, das war Ende 1938 – also im Dezember. Die Gestapo teilte meiner Mutter mit, daß mein Vater im KZ „Sachsenhausen[34]" inhaftiert sei.
Klaus Tofahrn:	Nachdem Sie bzw. Ihre Familie wußte, daß Ihr Vater in Sachsenhausen inhaftiert war, wie gestaltete sich da das „normale" Alltagsleben? Hatte Ihre Familie, Frau Herz, die Absicht gehabt, Deutschland zu verlassen?
Susi Herz:	Wir waren alle geschockt. Natürlich dachten wir daran Deutschland zu verlassen – aber dem standen viele Hindernisse im Wege. Auf der einen Seite war es für uns unmöglich, ohne unseren Vater zu emigrieren auf der anderen Seite wußten wir auch nicht, wie wir rauskommen konnten. Wir hatten keine Papiere, wir waren nicht vermögend und wir wußten zum damaligen Zeitpunkt nicht,

---

[34] Das KZ Sachsenhausen, rd. 35 Kilometer von dem Sitz (Berlin, Prinz-Albrecht-Straße) des Geheimen Staatspolizeiamtes gelegen, gehörte zeitweise zu den größten „Anlagen" innerhalb des Deutschen Reiches. Von der SS wurde es als *„Konzentrationslager bei der Reichshauptstadt"* geführt und als „Muster- und Vorzeigelager" konzipiert. Die Errichtung des Lagers begann im Juli 1936. Der Kommandant des KZ Auschwitz, Rudolf Höß, war bis zu seiner Versetzung im Jahre 1940 (4. Mai) zunächst als Adjutant, dann als Schutzhaftlagerführer in Sachsenhausen tätig. Im Dezember 1943 kehrte Höß als SS-Sturmbannführer ins märkische Oranienburg zurück. Ihm wurde die Leitung der Abteilung D1 in der IKL (Inspektion der Konzentrationslager) übertragen. Bereits ab 1937 wurden vermehrt Juden, Roma und Sinti in Sachsenhausen eingeliefert; woraus sich die rassenideologische Zielsetzung und das antisemitische „Verständnis" der Nationalsozialisten ableiten läßt. Die Ereignisse des Novemberpogroms von 1938 führten dazu, daß mehr als 6.000 deutsche Juden – vorwiegend aus der norddeutschen Region (darunter auch der Vater von Susi Herz) und aus Berlin – ins KZ Sachsenhausen verbracht wurden (andere Quellen setzen die Zahlen niedriger an und nennen 1.800 inhaftierte Juden, Jäckel/Longerich/Schoeps [Hrsg.] 1998, S. 1270). Obwohl das KZ Sachsenhausen für eine Inhaftierung von rd. 10.000 Menschen konzipiert war, erwies es sich schon Anfang 1938 als zu klein. Im Frühjahr 1938 begann die SS deshalb mit dem Aufbau des „kleinen Lagers". Die Häftlingszahlen stiegen stetig an. Insgesamt dürften 200.000 Gefangene nach Sachsenhausen deportiert worden sein, davon wurden rd. 140.000 Personen registriert (ebd. 1998, S. 1270). Das KZ Sachsenhausen war auch Vernichtungslager („Klinkerwerk", Erschießungsanlage, Gaswagen, Gaskammer ab 1943). Am 27. April 1945 wurden die noch Inhaftierten von der Roten Armee befreit. Anzumerken bleibt, daß der sowjetische Geheimdienst die Einrichtungen von Sachsenhausen – ebenso wie Buchenwald – weiter nutzte und ein sog. Speziallager zur Internierung von Regimegegnern errichtete. In den Jahren 1945 bis 1950 wurden dort rd. 60.000 „politische Gegner" inhaftiert. Mehr als 12.000 Insassen sind an den katastrophalen Bedingungen (Hunger, Krankheiten etc.) zu Tode gekommen. Zu Sachsenhausen siehe hierzu auch: Morsch 1996 (Hrsg.) und 1998, S. 111 – 134; Sofsky 1993.

Die Lebenserzählung der Susi Herz: 60 Jahre (danach) sind nicht vergessen

wer uns hätte aufnehmen können. Zwar besaßen meine jüngere Schwester und ich sogenannte Jugendzertifikate, die uns eine Ausreise bzw. Einreise nach Palästina erlaubten, ohne unsere Eltern konnten wir uns eine Emigration nicht vorstellen. Das wollten wir nicht. Hinzu kam ferner, daß unsere finanziellen Möglichkeiten eine Ausreise für mich und meine Schwester nach Palästina (ich denke hier beispielsweise an die Deckung der Fahrtkosten) nicht zuließen. Dann aber war uns das Glück in zweifacher Hinsicht hold. Ende 1938 erhielten wir von der Polizei die Nachricht, daß mein Vater aus dem KZ Sachsenhausen entlassen[35] würde, verbunden mit der Auflage, daß er – und damit natürlich auch unsere gesamte Familie (Mutter, meine Schwestern und ich) – Deutschland innerhalb von 10 Tagen verlassen müßte. Damit verbunden war die Auflage, nicht mit uns über seinen Aufenthalt in Sachsenhausen zu sprechen. Meine älteste Schwester arbeitete in einer bekannten Hamburger Schneiderei (der Name ist mir entfallen) und hatte sich bereits, bevor mein Vater nach Sachsenhausen „gebracht" wurde, mit vielen Freunden und Bekannten in Verbindung gesetzt, um Papiere für eine Ausreise nach Australien zu erhalten. Ich weiß nicht wie, aber sie hatte diese Papiere für uns alle bekommen. Dann ging es, wie man so sagt, „Hals über Kopf". Vater wurde aus Sachsenhausen entlassen. Das war Anfang Januar 1939. Wir hatten noch Gelegenheit – im Gegensatz zu vielen anderen jüdischen Familien, die das gleiche Schicksal teilten – unsere Koffer zu packen, so daß wir viele persönliche Gegenstände und natürlich auch Kleidung in die von uns nunmehr freiwillig gewählte Emigration mitnehmen konnten. Es war ganz selten, daß eine komplette Familie ausreisen durfte – hier hatten wir Glück.

Klaus Tofahrn: Wissen Sie noch, wann Sie Deutschland verlassen haben und über welche Stationen Sie, Ihre Eltern und Ihre Schwester – die andere befand sich ja schon auf dem fünften Kontinent - nach Australien gelangten?

Susi Herz: Ja, das Ausreisedatum weiß ich noch ganz genau. Es ist in meinem Gedächtnis haften geblieben, auch deswegen, weil ich wußte, jetzt bin ich frei. Ich brauchte keine Angst mehr vor dem Terror der Nazis zu haben und nicht um Leib und Seele fürchten. Es war der

---

[35] Die meisten der infolge des Novemberpogroms in Sachsenhausen inhaftierten Juden wurden wenige Wochen später entlassen (Morsch 1998, S. 122).

Das Interview

9. Januar 1939. Wir sind zunächst nach Holland mit dem Zug gereist und haben von dort mit dem Schiff nach Großbritannien übergesetzt. Hier hielten wir uns dann einige Tage auf. Am 19. Januar 1939 schifften wir in der englischen Hafenstadt Liverpool ein und verließen so den europäischen Kontinent. Nach einer ca. sechswöchigen Schiffsreise erreichten wir Australien, zunächst Perth. Wir reisten zu meiner Schwester, die sich ja schon in Australien (in Cornfield bei Melbourne) aufhielt und dort wohnte.

Gabriele Khanna: Als Sie und Ihre Familie auf dem Wege nach Australien waren, hat da Ihr Vater über seinen Aufenthalt in Sachsenhausen gesprochen oder haben Sie ihn danach gefragt?

Susi Herz: Nein! Weder mein Vater hat über seine Zeit im KZ gesprochen, noch wir – also meine Mutter, meine Schwester und ich – haben ihn gefragt oder gebeten uns darüber zu berichten. Wir wußten einfach, daß er nicht darüber reden wollte. Ich selbst wollte zu dieser Zeit auch nicht mit ihm darüber sprechen, zu tief saß bei mir noch die Angst vor den Nazis – obwohl diese uns ja jetzt nichts mehr anhaben konnten. Irgendwie hatte ich immer noch Angst, daß irgend etwas hätte passieren können, und wir wieder nach Nazi-Deutschland zurückgebracht würden.

Klaus Tofahrn: Als aber Ihre Familie „vereint" in Australien war, hat da Ihr Vater über seinen Aufenthalt im KZ Sachsenhausen gesprochen?

Susi Herz: Ja, aber sehr, sehr zögerlich. Er sprach nicht oft darüber. Eigentlich nur zu „besonderen" Anlässen, so z.B. wenn sich innerhalb unserer Familie eine Diskussion über Nazi-Deutschland entzündete. Als die deutsche Wehrmacht in Polen einmarschierte und damit der Zweite Weltkrieg ausgelöst wurde – zu diesem Zeitpunkt befand sich unsere Familie ja bereits in Australien – da konnte ich im Grunde zum erstenmal mit meinem Vater über seine Inhaftierung in Sachsenhausen sprechen.

Klaus Tofahrn: Könnten Sie uns über dieses Gespräch mit Ihrem Vater berichten?

Susi Herz: Ja natürlich! Aber auch das war ein sehr kurzes Gespräch. Ich hatte stets das Gefühl, daß mein Vater über seine Zeit, die er im KZ verbracht hatte, gar nicht reden wollte. Aus diesem Wissen heraus, habe ich es auch in der Folgezeit unterlassen, ihn nach seinen „Erlebnissen" in Sachsenhausen zu fragen. Ich habe nie mehr, was ich im nachhinein sehr bedaure, mit meinem Vater über die Zeit seines „Aufenthaltes" in Sachsenhausen sprechen können.

Klaus Tofahrn: Von dem Wenigen, das Sie über die Zeit der Gefangennahme Ihres Vaters erfahren haben, könnten Sie uns darüber erzählen?

Susi Herz: Wie gesagt, es war ein kurzes Gespräch. Es dauerte nicht viel mehr als ein halbe Stunde. Wie die meisten Gefangenen in Sachsenhausen wurde auch mein Vater gedemütigt, beschimpft, bespuckt, verhöhnt und geschlagen. Er mußte körperliche und seelische Pein erleiden. Als er von Sachsenhausen zu uns nach Hamburg zurückkehrte, konnten wir die vielen Wunden und Verletzungen sehen. Teile seines Gesichtes waren stark geschwollen und noch auf der Überfahrt von England nach Australien wurde mein Vater jeden Tag von einem Arzt, der sich an Bord des Schiffes befand, medizinisch versorgt. Er litt ständig unter starken Kopfschmerzen – auch später noch in Australien. Vater berichtete auch, daß er zu sog. „Sonderbehandlungen" eingesetzt worden sei. Meiner Nachfrage, was er damit meine, wich er offensichtlich aus und sprach von „schwierigen" Arbeitseinsätzen[36]. Ich konnte nie erfahren, was dort passiert war. Ganz besonders litt mein Vater, er war ein sehr feinfühliger Mensch, unter den psychischen Belastungen, unter den ständigen Demütigungen und Drohungen durch die SS-Wachmannschaften, aber ganz besonders unter der Trennung von seiner Familie. Nachrichten von uns bzw. über uns hat er während seines Aufenthaltes im KZ Sachsenhausen nie erhalten. Er lebte mit einer latent vorhandenen Angst, das sagte er mir später, daß auch uns in Hamburg etwas passiert sei. Für ihn waren das unerträgliche Gedanken. Auch die öffentliche Ausübung seiner Religion wurde ihm selbstverständlich im KZ untersagt. Ja, darüber machte sich die Lagerkommandantur – sie ließ „christliche Gottesdienste" veranstalten - und die meisten Angehörigen der Wachmannschaften besonders lustig. Gerade als orthodox han-

---

[36] Was hier unter „schwierigen Arbeitseinsätzen" zu verstehen ist, läßt sich nicht mehr verifizieren. Die „Arbeit" in den KZ hatte eine doppeldeutige (politisch-ideologisch/ökonomisch) Funktion: zum einen wurde durch sie eine Wertschöpfungsfunktion erreicht, zum anderen führte sie gleichzeitig zur physischen Vernichtung der Insassen. Während in der „Anfangsphase" die Häftlinge zur Errichtung der KZ-Gebäude und Anlagen in Sachsenhausen gezwungen wurden, begann der Aufbau des „Klinkerwerkes" ab 1938. Dieses „Klinkerwerk" war das berüchtigte Todeslager in Sachsenhausen. Die SS überstellte „zur Arbeit" im Klinkerlager insbesondere Juden, Roma und Sinti zur „Sonderbehandlung". Siehe hierzu auch: Morsch 1998, S. 125 – 126.

delnder Jude fühlte sich mein Vater durch diese Frevelhaftigkeit besonders gedemütigt. So gut es unter diesen Umständen ging, hat mein Vater versucht, auch im KZ nach den Glaubensgrundsätzen unserer Religion zu „leben". Vor seiner Entlassung aus dem KZ wurde mein Vater besonders glatt „rasiert" – für einen orthodox gläubigen Juden eine unglaubliche Demütigung. Mein Vater erzählte mir auch, daß er ständig unter Hunger und besonders unter Durst leiden mußte. Das war sicherlich der Grund dafür, daß er – als er nach Hamburg zurückkehrte – fast die Hälfte seine Gewichtes verloren hatte. Mehr kann ich Ihnen nicht über seine Inhaftierung berichten.

Klaus Tofahrn: Das war sehr eindrucksvoll. Ich danke Ihnen sehr, Frau Herz. Ich habe in diesem Zusammenhang noch eine Frage, dann wollen wir aber diesen „Lebensabschnitt" verlassen. Hat Ihr Vater über „seine Zeit" in Sachsenhausen auch mit Freunden und Bekannten gesprochen?

Susi Herz: Soviel ich weiß, niemals.

Klaus Tofahrn: Ich habe schon mit vielen Zeitzeugen, die den Holocaust überlebt haben, gesprochen. Dabei ist mir aufgefallen, daß fast alle „Hemmungen" hatten, über ihr persönliches Erleben- insbesondere mit ihren direkten Angehörigen - zu sprechen und zu berichten. Haben Sie für diese Verhaltensweise eine Erklärung?

Susi Herz: Ich kann Ihren Eindruck nur bestätigen. Woran das liegt oder liegen könnte, das weiß ich nicht. Ich selbst habe einfach den Wunsch meines Vaters nicht über seine „Erlebnisse" in Sachsenhausen sprechen zu müssen, respektiert. Hier wiederhole ich mich: heute tut es mir leid. Ich hätte mehr darüber erfahren sollen. Dieses Wissen hätte ich gerne an meine Kinder weitergegeben, aber dazu kann es auf Grund der geschilderten Umstände nicht mehr kommen.

Klaus Tofahrn: Wenn ich es „richtig" deute, ist Ihr Vater durch seine Erfahrungen im KZ offensichtlich – wie man so sagt – ein „anderer Mensch" geworden. Haben sich seine Verhaltensweisen, seine Einstellungen, sein Umgang mit den „Dingen des täglichen" Lebens aus Ihrer Sicht betrachtet, verändert?

Die Lebenserzählung der Susi Herz: 60 Jahre (danach) sind nicht vergessen

Susi Herz: Ja, ich denke schon. Mir ist schon damals aufgefallen, daß sich das Verhalten meines Vaters, seine Einstellungen zum Leben, zu uns – also seiner Familie – nachdem wir Deutschland verlassen hatten, verändert hatten. Über Deutschland im allgemeinen sprach er nie wieder – und das, ich sagte es bereits am Anfang unseres Gespräches, obwohl er Deutschland .über alles liebte und als seine Heimat betrachtete.

Klaus Tofahrn: Nun sind ja Ihre Eltern mit Ihnen und Ihrer Schwester Herta nach Australien emigriert. Die Gründe, warum es Australien war, sind einleuchtend, da sie ja die Einwanderungserlaubnis von den australischen Behörden bekommen hatten. Wäre es Ihnen oder Ihren Eltern nicht lieber gewesen, direkt in das zu seiner Zeit von Großbritannien „verwaltete" Palästina auszuwandern? Ihre Meinung dazu würde mich sehr interessieren.

Susi Herz: Wir hatten gar keine Zeit darüber nachzudenken. Nachdem mein Vater aus Sachsenhausen entlassen worden war, mußten wir ja – das hatte ich Ihnen ja bereits geschildert – innerhalb einer sehr kurzen Zeitspanne Deutschland verlassen. Wie gesagt, meine Schwester hatte die notwendigen Ausreisepapiere, und so gab es für uns – wollten wir Leib und Leben retten – keine Alternative zur Ausreise nach Australien. Für die Einwanderung nach Palästina hätten wir ein Zertifikat – ausgestellt von der britischen Mandatsbehörde – vorweisen müssen. Selbst wenn wir versucht hätten, auf „Umwegen" nach Palästina zu kommen, hätte es sicherlich Probleme mit der Mandatsmacht Großbritannien gegeben, die ja bekanntlicherweise eine sehr rigide Einwanderungspolitik[37] betrieb. Nein, eine Ausreise nach Palästina kam für meine Eltern nicht infrage.

Klaus Tofahrn: Wo und wann haben Sie denn Ihren späteren Mann Sophoni Herz kennen gelernt?

---

[37] Durch die wachsende Anzahl jüdischer Einwanderungen (ab 1936) nach Palästina kam es zu vermehrten – oft blutigen – Auseinandersetzungen zwischen Juden und Arabern. Im Erlaßverfahren begrenzte die britische Regierung - als Verwalter des Völkerbundmandats über Palästina - die Siedlungsrechte (den Landerwerb [Land-Transfer-Regulation]) für Juden und Araber. Jüdische Siedler konnten demnach nur in der Zone zwischen Haifa und Jaffa uneingeschränkt Land erwerben. Auch gegen den Widerstand der Juden setzten die Briten ihr Siedlungskonzept durch. Das Mandatsgebiet wurde faktisch in drei Zonen aufgeteilt.

Das Interview

Susi Herz: Sophoni ist zunächst mit einem der letzten Schiffe, die Holland mit Juden an Bord verlassen durften, nach Irland[38] gekommen. Später ist er dann von Irland an Bord der „Dumera" von den Engländern zum australischen Kontinent deportiert worden. Wie Sie ja sicherlich wissen, organisierte mein Mann, nach dem er bereits am 1. April 1933 – also wenige Monate nach Hitlers Machtübernahme – seine Arbeit als Redakteur bei einer Zeitung in Bad Homburg aufgeben mußte, in Deutschland Kindertransporte[39]. Bevor er jedoch die Organisation der Kindertransporte nach Holland und Belgien übernahm, ist Sophoni zunächst nach Berlin gegangen, wo er sich im Auftrage der jüdischen Gemeinde und ihrer Organisationen um eine „Kinderlandverschickung" (Ferienkolonien) kümmerte. Nach diesem Intermezzo ging er zurück nach Bad Homburg, Köln und natürlich auch nach Dinslaken, wo er ja bekanntlich zunächst als Erzieher im dortigen Waisenhaus[40] tätig war.

---

[38] In Irland blieb Sophoni Herz ca ein Jahr. Allerdings gestalteten sich die „Lebensbedingungen" während seines Aufenthaltes in Nord-Irland wesentlich schlechter, als offensichtlich von ihm erwartet. Im Kapitel „Die Endlösung" schreibt Herz: *„Ich selbst, der ich nach meiner Auswanderung nach Belfast (Nord-Irland) zum „freundlichen Ausländer" erklärt wurde, teilte plötzlich das Schicksal vieler anderer jüdischer Leidensgenossen, als man mich über Nacht in die Kategorie „feindlicher Ausländer" einordnete. Nach der Kapitulation Frankreichs stieg das Mißtrauen gegen Ausländer in England ins Unermeßliche. Tausende wurden interniert und in Internierungslager in den Dominien und Kolonien abtransportiert. Ich gehörte zu einer Gruppe von 2000 Mann, die unter den unwürdigsten Verhältnissen auf der „Dumera" nach Australien* deportiert *(Unterstreichung durch den Vf.) wurden und zwei Jahre dort in Internierungslagern verbringen mußten. Es war die Australische Regierung, die alles daran setzte, uns das Leben hinter Stacheldraht einigermaßen erträglich zu machen"* (ebd. 1981, S. 311).

[39] Es handelte sich dabei um jüdische Waisenkinder. Sophoni Herz !905 – 1993) organisierte Kindertransporte nach Belgien und in die Niederlande. Im Februar 1939 fand ein Transport – darunter auch die Kinder aus dem Waisenhaus in Dinslaken – von Köln in die Niederlande statt. Siehe hierzu auch: Kraßnigg 1983, S. 94 ff.). Über die Transporte jüdischer Kinder von Deutschland nach England im Zeitraum 1938/39 berichtet die Arbeit von Göpfert (1999). Im Detail werden darin die britische Flüchtlingspolitik, die Organisation und der Ablauf der Transporte, die Aufnahme der Kinder in Großbritannien und die rechtlichen Folgen nach dem Kriegsende beschrieben. Außerdem beinhaltet diese Publikation detaillierte Hinweise auf autobiographisches Quellenmaterial (ebd., S. 205 – 217). Siehe hierzu auch: Holliday 1995.

[40] Auch das Waisenhaus besaß neben der Synagoge und der jüdischen Schule eine für die jüdische Gemeinde in Dinslaken wichtige Emanzipations- , Identitäts- und Integrationsfunktion. „Der Zweck des Instituts ist, unbemittelten israelitischen Waisenkindern aus der Rheinprovinz und den angrenzenden Provinzen, besonders aus den Orten, von welchen der Anstalt weitgehende Unterstützung zuteil wurde, aufzunehmen, denselben eine den Grundsätzen des israelitischen Glaubens entsprechende Erziehung zu gewähren und in der Pflege des Geistes und des Körpers die treue, elterliche Fürsorge zu ersetzen, so daß die Pfleglinge zu treuen und tüchtigen Staatsbürgern herangebildet werden" (Hauser zitiert nach Gollnick 1980, S. 249; L. Rothschild 1935, S. 13). Somit blieb das Einzugsgebiet dieses Hauses nicht auf die Region Dinslaken begrenzt, vielmehr ist die gesamte

Seine Zeit in Dinslaken – aber die ist Ihnen ja bekannt - „endete" faktisch mit den schrecklichen Ausschreitungen[41] gegen die Juden am 9./10. November 1938. Darüber hat mein Mann im Detail geschrieben, so daß ich mir hier eine zusätzliche Kommentierung dieses Geschehens in Dinslaken, von dem ich ja auch nur über die Berichterstattung meines Mannes weiß, ersparen kann.

Klaus Tofahrn: Obwohl ich die Aufzeichnungen Ihres Mannes über die Kristallnachtereignisse in Dinslaken gelesen habe, bitte ich Sie, Frau Herz, uns trotzdem darüber zu berichten. Lassen Sie mich anders fragen: Haben Sie bzw. Ihr Mann eigentlich oft miteinander über die Nazi-Zeit im allgemeinen und über das perfide Holocaustgeschehen und damit auch über die Vorgänge in meiner Heimatstadt Dinslaken im besonderen gesprochen oder führten die sicherlich

---

„Rheinprovinz" mit Städten und Gemeinden wie beispielsweise Holten (heute zu Oberhausen gehörend), Moers, Rheinberg, Ruhrort (heute beide zu Duisburg gehörend), Wesel und Xanten etc. durch diese soziale Institution mit einbezogen worden. Die Geschichte des jüdischen (israelitischen) Waisenhauses in Dinslaken ist in der Festschrift (Israelitisches Waisenhaus zu Dinslaken) zum fünfzigjährigen Bestehen (1885 – 1935)dieser Institution u.a. von dem ehemaligen Waisenhausdirektor Dr. Leopold Rothschild niedergeschrieben worden. Eröffnet wurde das Dinslakener Waisenhaus am 1. Mai 1885. Dem Bericht von L. Rothschild (1935, S. 4) zufolge, waren Sally und Julius Schick aus Oberhausen die ersten Kinder, die Aufnahme im Waisenhaus fanden. Die in dieser Festschrift von S. Rothschild, dem Sohn von L. Rothschild, erstellte Statistik weist für die genannte Periode (1885 – –1935) insgesamt eine Beleganzahl von 320 Kindern (210 Jungen und 110 Mädchen) aus. Für die Aufenthaltszeit der Waisenhauskinder nennt Rothschild eine Größenordnung zwischen „sechs – oft acht bis zehn Jahre" (ebd. 1935, S. 11).

[41] In Dinslaken kam es schon vor dem 9./10. November 1938 zu Benachteiligungen und Ausschreitungen gegen die Juden. Der „Unterdrückungs- und Deklassierungsprozeß" der Nationalsozialisten gegen „Andersdenkende" erfolgte in Dinslaken unmittelbar nach der sogenannten Machtübernahme. Infolge des „Reichstagsbrandes und unter „Anwendung" der „Notverordnung zum Schutze von Volk und Staat" (verkündet im Reichsgesetzblatt am 28. Februar 1933) sowie des „Gesetz(es) zur Behebung der Not von Volk und Reich" (24. März 1933) wurden mit größter Brutalität die oppositionellen Kräfte (insbesondere die Sozialdemokraten und Kommunisten) ausgeschaltet. So kam es dazu, daß die Dinslakener Stadtverordnetenversammlung – hervorgegangen aus den Gemeindewahlen vom 12. März 1933 – von der NSDAP beherrscht wurde. Dreizehn NSDAP-Mandaten standen insgesamt 8 Sitze der „bürgerlichen" Parteien gegenüber. In der konstituierenden Sitzung des Rates vom 5. April 1933 kam es bereits auf Vorschlag der NSDAP zu einem Dringlichkeitsanstrag. Dieser beinhaltete u.a. folgende Punkte: „[...] 2. daß die städtischen Betriebe und die Verwaltung in Zukunft Einkäufe irgendwelcher Art nicht bei jüdischen Firmen und nicht bei Genossenschaften zentrümlicher und marxistischer Rechnungen tätigen dürfen; 3. daß den städtischen Beamten und Angestellten und Arbeitern untersagt wird, in jüdischen Geschäften zu kaufen; [...]" (Unterstreichung durch den Vf.; entnommen aus Gollnick1980. S. 239). Zum Thema Verfolgung der Dinslakener Arbeiterschaft (Unterdrückung der Gewerkschaften sowie der SPD und KPD) verweisen wir an dieser Stelle auf die Arbeit von *Jürgen Grafen* (1983, S. 114 – 182).

Das Interview

	vorhandenen individuellen Emotionen zu einer „angepaßten" Verdrängung des Entsetzens?
Susi Herz:	Wir haben nicht sehr oft über die Vorgänge während der Nazi-Zeit gesprochen. In den ersten Jahren unsere Ehe eigentlich gar nicht. Da hatten wir – das können Sie sich sicherlich vorstellen - andere Sorgen. Wir mußten uns eine Existenz in Australien aufbauen, und dafür war unsere ganze Kraft erforderlich. Erst als diese sogenannte Anfangs- oder Aufbauphase vorbei war, kam es vermehrt zu Diskussionen über die Nazi-Zeit. Anläßlich dieser Unterhaltungen haben wir selbstverständlich auch über seine Zeit in Dinslaken, über seine Tätigkeit als Betreuer[42] der jüdischen Waisenhauskinder gesprochen. Die in Dinslaken während der Reichskristallnacht geschehenen „Vorkommnisse" – um es einmal „neutral" auszudrücken – hat Sophoni u.a. ja auch in seinen „Lebenserinnerungen" festgehalten. Diese liegen Ihnen ja vor, so daß ich darüber nicht weiter berichten muß; ich möchte es auch nicht! Aus der zeitlichen Distanz betrachtet, kann ich nur sagen, daß mein Mann besonders unter den „Ereignissen", damit meine ich die systematische Zerstörungsarbeit des braunen Pöbels, die Ängste der Waisenkinder, die Demütigungen durch die NS-Agitatoren aber auch durch die Schmähungen von „unbeteiligten" Zuschauern, der Kristallnacht, die sich in Ihrer Heimatstadt Dinslaken im November 1938 abspielten, sehr gelitten[43] hat. Anmerken muß ich in diesem Zusammenhang auch, daß wir beide nicht gerne über diesen Lebensabschnitt, also über die Zeit des Nationalsozialismus, gesprochen haben. Sophoni hat ja seine Lebenserinnerungen veröffentlicht. Als das Buch auf dem Markt war, hat er darin nur wenige Male gelesen. Das war kennzeichnend für ihn. Die englische Übersetzung[44] war für unsere Kinder gedacht, um so das Wissen

---

[42] Dr. Yitzhak Sophoni Herz war – als er nach Dinslaken kam – zunächst Erzieher im jüdischen Waisenhaus. Nachdem der damalige Direktor des Waisenhauses, Dr. Leopold Rothschild (* 1880), auf Grund der Vorkommnisse während der Reichskristallnacht von einem Aufenthalt in Palästina nicht nach Dinslaken zurückkehrte, übernahm Yitzhak Sophoni Herz die Leitung des Waisenhauses.

[43] Dieser Meinung von Frau Herz ist zuzustimmen. In seinem „Geleit" in der von der Stadt Dinslaken (1987) herausgegebenen Broschüre (Fast 50 Jahre sind vergessen) schrieb Sophoni Herz: „[...] *jedoch, das tiefste, erschütterndste Erlebnis war und ist für mich die Kristallnacht am 10. November 1938 in Dinslaken [...] Die Geschehnisse dieses Tages jedoch waren die letzten Eindrücke und Erlebnisse für mich aus dieser Periode 1933 – 1945*" (Unterstreichung durch KWT; Herz 1987, S. 3).

[44] Es folgten Übersetzungen in die französische und hebräische Sprache. Siehe hierzu auch: S. Herz 1976 (Kristallnacht at the Dinslaken Orphanage, Yad Vashem Studies, Band XI. [Englisch]; Jerusalem).

Die Lebenserzählung der Susi Herz: 60 Jahre (danach) sind nicht vergessen

über Nazi-Deutschland und die damit verbundenen schrecklichen Taten seiner Verantwortlichen der heranwachsenden Generation weitergeben zu können, um es wachzuhalten. Für mich selbst war das Kapitel „Drittes Reich" mit meiner Emigration nach Australien einfach beendet. Australien sollte meine neue Heimat werden – und das ist es ja auch für rd. 30 Jahre, die wir dort verbringen durften, geblieben. Ich denke mit Dankbarkeit an diese Zeit zurück. Ich bereue nichts.

Klaus Tofahrn: Die letzten Sätze Ihrer Antwort fordern geradezu ein Frage meinerseits heraus. Warum haben Sie nach einer so langen Zeit – immerhin waren es ja 30 Jahre – Australien verlassen und sind nach Israel eingewandert?

Susi Herz: Na ja, manchmal ist es eben so im Leben. Das hat sicherlich auf der einen Seite viele logische Gründe, auf der anderen Seite spielt aber oft der Zufall auch die entscheidende Rolle. Als wir beide, also mein Mann und ich, noch im Beruf standen, kam für uns eine Ausreise aus Australien überhaupt nicht infrage. Ich selbst war während des Krieges und auch nach dessen Ende als Lehrerin in einer Mädchenschule[45] tätig. Mein Mann wollte noch weiter studieren; er ist aber – das hatte ich mir gewünscht – zur Absicherung unseres Lebensunterhaltes zunächst einmal in den Staatsdienst gegangen. Für mich und für unsere Familie bedeutete das – und das müssen sie unter den Bedingungen der damaligen Zeit sehen – eine große wirtschaftliche Sicherheit. Obwohl mein Mann diese Arbeit nicht liebte, hat er dennoch „ausgehalten". Der Wunsch, einmal Israel zu sehen, war zwar, wenn man so will, bei uns latent vorhanden, unsere finanziellen Möglichkeiten reichten aber lange Zeit nicht aus, diesen zu verwirklichen. Das änderte sich erst, als unsere Kinder größer wurden. Hinzu kam, daß mein Mann „Wiedergutmachungsleistungen" – wie hoch diese waren, daran kann ich mich heute nicht mehr erinnern—erhielt. Diese verwendeten wir für eine Reise nach Israel – zu einem Besuch bei Freunden. Es hat uns allen sehr, sehr gut gefallen. Für mich als orthodoxe Jüdin bedeutete es viel, in dem Land zu sein, das unser Herr unseren Stammvätern verheißen hat. Obwohl ich mich in Australien sehr wohl gefühlt hatte, ich habe diesem Land, das mir die persönliche Freiheit garantierte, sehr viel zu verdanken, war es für mich – aber auch für meinen Mann – ein erhabenes Gefühl in Israel zu sein –

---

[45] Frau Herz war Gründerin und Leiterin einer jüdischen Mädchenschule in Melbourne.

Das Interview

back to the roots. Die Erlebnisse dieser Reise, das Gefühl wieder unter Freunden gleichen Glaubens zu sein, haben schließlich dazu geführt, daß wir uns entschlossen, nach Israel überzusiedeln.

Gabriele Khanna: In welchem Jahr sind Sie von Australien nach Israel übergesiedelt?

Susi Herz: Das war im Jahre 1970.

Klaus Tofahrn: Nun sind 30 Jahre, die Sie und Ihre Familie in Australien verbracht hatten, eine lange Zeit. Ich kann mir vorstellen, daß auch Sie als orthodoxe Jüdin die australischen Sitten und Gebräuche assimiliert haben; stellten sich nicht Anpassungsschwierigkeiten für Sie und Ihre Familie nach Ihrer Einwanderung in Israel ein? Hinzu kam, daß die politische Stabilität, das geopolitische Umfeld sich völlig - verglichen mit den Verhältnissen in Australien, hier erlebten Sie eine 30jährige Friedenszeit – anders darstellten. Seit dem Sechs-Tage-Krieg[46] waren erst drei Jahre vergangen, die arabischen Nationen befanden sich nach wie vor in einer strikten Abwehrhaltung gegenüber Israel. Aus meiner Sicht tauschten Sie die politisch-ökonomische Stabilität Australiens gegen potentiell vorhandene Gefahren und Unsicherheiten ein. Oder irre ich da?

Susi Herz: Nein, besondere Anpassungsprobleme stellten sich nicht ein. Die jüdische (orthodoxe) Lebensart war uns ja nicht fremd. Auch in Australien waren mein Mann und ich aktiv in der jeweiligen jüdischen Gemeinde tätig. Lassen Sie mich nun den zweiten Teil Ihrer Fragen beantworten. Natürlich haben Sie Recht. Australien war – nach allem was wir während der Nazi-Zeit erlebt hatten bzw. er-

---

[46] Zur Erinnerung: Der Nahostkonflikt, die Auseinandersetzung zwischen Israel und seinen arabischen Nachbarn, gipfelte in fünf militärischen Auseinandersetzungen, und zwar: 1. Der israelisch-arabische „Gründungskrieg" (15.5.1948 - 15.1.1949; Ägypten, Irak, Libanon, Syrien und Transjordanien); 2. der „Sinaifeldzug" (29.10. - 8.11.1956; ein Präventivfeldzug Israels mit der Eroberung des Gazastreifens und der Sinaihalbinsel mit späterem Rückzug); 3. der „Sechs-Tage-Krieg" (5. - 11.6.1967; ebenfalls ein Präventivkrieg Israels, der mit der Eroberung des Gazastreifens, der Sinaihalbinsel und Ostjerusalems sowie der Besetzung der Golanhöhen und des Westjordanlandes „erfolgreich" abgeschlossen wurde); 4. der „Jom-Kippur-Krieg" (6. - 25.10.1973; mit unterschiedlichem Ausgang, begonnen durch Ägypten und Israel) und 5. der „Libanonfeldzug" (ab Juni 1982; Belagerung von Beirut mit den dort verschanzten PLO-Kämpfern, Vertreibung der Palästinenser). Siehe hierzu auch: McAleavy1998; Mejcher/Schölch (Hrsg.) 1981; Tophoven 1995 b, S. 9 - 14 und 1999.

Die Lebenserzählung der Susi Herz: 60 Jahre (danach) sind nicht vergessen

leiden und erdulden mußten – für uns die „Insel der Glückseligkeit". Ich wiederhole es gerne: Ich habe nichts gegen Australien zu sagen; wir haben jede Minute dort mit Freuden gelebt; wir haben die Freiheit des gesellschaftlichen Systems und insbesondere unsere individuelle Freiheit geradezu genossen; wir haben alles mitgemacht, und insofern haben Sie Recht, daß natürlich auch orthodoxe Juden einem gewissen Anpassungsdruck unterliegen. Wir lebten in einem Land, in dem die Anzahl von „Gleichgläubigen" nicht sehr hoch war. Trotz alledem, als ich mit meiner Familie in Israel war, da fühlte ich mich wirklich Zuhause. Ich kann Ihnen nicht erklären, warum das so ist, vielleicht, weil ein Jude oder eine Jüdin in Israel zu leben hat. Nur in diesem Lande wurde ich von niemandem auf mein „fremdländisches" Aussehen angesprochen.

Klaus Tofahrn: Ihre letzte Bemerkung über die „Fremdhaftigkeit" Ihres Aussehens macht mich ein wenig nachdenklich Frau Herz. Wenn ich dagegen alle Ihre bisherigen Ausführungen und Anmerkungen über Ihr Leben in Australien richtig werte, dann gab es doch wegen ihrer jüdischen Herkunft gerade in Australien keine Schwierigkeiten. Da habe ich Sie doch richtig verstanden?

Susi Herz: Ich glaube schon. Damit das klar ist und keine falschen Eindrücke entstehen: wir wurden von den nichtjüdischen Australiern akzeptiert und als gleichberechtigte Partner verstanden. Intensive private Kontakte kamen dagegen nicht so oft zustande. Vielleicht lag es auch an unserer Strenggläubigkeit

Klaus Tofahrn: Nun haben Sie uns immer noch nicht verraten, wo und wann Sie Ihren Mann getroffen und kennengelernt haben.

Susi Herz: Ja, ja, das erzähle ich Ihnen noch. Ich kann mir gar nicht vorstellen, warum das „sooooo" interessant für Sie ist. Aber dennoch (anyway): Ich habe Sophoni natürlich erst in Australien kennengelernt. Das ist eine Geschichte für sich, aber ich werde Sie Ihnen erzählen – sonst geben Sie ja doch keine Ruhe! Die schnellen Erfolge der deutschen Truppen bei ihrem Westfeldzug[47] beeindruck-

---

[47] Der Angriff der deutschen Wehrmacht im Westen - der Westfeldzug („Fall Gelb") begann am 10. Mai 1940 um 5.35 h. Am 15.5. kapitulierten die Niederlande, Belgien folgte am 28.5.; die deutschen Verbände stießen im weiteren Verlauf ihrer militärischen Operationen bis zur Atlantikküste vor und schlossen das britische Expeditionscorps bei Dünkirchen ein. Am gleichen Tag trat in Großbritannien die Regierung unter dem Premierminister Arthur Neville Chamberlain zurück.

Das Interview

ten meiner Meinung nach die Engländer sehr. Viele Juden, darunter auch mein späterer Mann, glaubten an eine Invasion Großbritanniens durch die deutschen Truppen. Dieser schnelle und für uns unerwartete Sieg der deutschen Wehrmacht an der Westfront verunsicherte uns sehr. Es kamen wieder Angstgefühle auf. Sollten die Deutschen das Vereinigte Königreich ebenfalls angreifen oder gar besetzen, dann wären wir (ich meine damit die in England lebenden Juden) wieder in die Hände der Nazis gefallen und deren Verfolgungsstrategien ausgesetzt. Zu dieser Zeit befanden wir uns ja bereits im sicheren Australien. Trotzdem haben wir jeden Tag gezittert, daß England eine Invasion durch die Deutschen erspart bliebe. So ist es dann ja auch gekommen. Im Zuge der Kriegshandlungen wurden in England die dort lebenden Deutschen – natürlich auch die deutschen Juden (obwohl sie ein „J" in ihrem Paß hatten) interniert. Soviel ich weiß, sind die meisten der internierten Juden ins Ausland gebracht worden. Die meisten emigrierten in die USA, nach Kanada, Palästina und Australien – darunter befand sich auch mein Mann. Sophoni ist in die australische Armee (für drei Jahre) eingetreten. Seine Kompanie, es war eine Arbeitskompagnie (die 8. Australische Arbeitskompagnie), war in der Nähe von Melbourne stationiert. Es war Sabbat und wir hörten ein „Marschieren" auf unserer Straße – eine Einheit der australischen Armee marschierte an uns vorüber. Wie sich später herausstellte, dienten in dieser Einheit viele Juden. Sie marschierten, obwohl es Sabbat war, zur Synagoge, in der sich auch mein Vater

---

Nachfolger im Amt des Premierministers wurde Winston S. Churchill, der ein parteiübergreifendes Kabinett, eine Allparteienregierung bildete. Vor den heranrückenden deutschen Truppen bereitete das britische Expeditionscorps am 27. Mai 1940 seine Flucht (Rückzug) vom Kontinent vor. Die Operation „Dynamo" begann mit den Einschiffungen in Dünkirchen. An dieser Aktion waren rd. 800 Schiffe und Boote - wovon rd. 230 von der deutschen Luftwaffe versenkt wurden - aller Art beteiligt. Fast das gesamte britische Expeditionscorps mit rd. 338.000 Personen wurde im Zuge dieser Vorgänge nach Großbritannien zurückgebracht. Als Kriegsbeute verblieben bei der deutschen Wehrmacht lediglich die schweren Waffen. (von Krockow 1999, S. 190 ff.). Die Rückzugsaktion endete am 4. Juni 1940. Am 14. Juni 1940 wurde die französische Hauptstadt Paris kampflos von den deutschen Truppen eingenommen und besetzt. Die Unterzeichnung des deutsch-französischen Waffenstillstands im Wald von Compiègne (Rethondes) erfolgte am 22. Juni 1940. Die Unterschriften - für Frankreich unterschrieb der General Charles L.C. Huntzinger, für das Deutsche Reich Generaloberst Wilhelm Keitel - unter das Waffenstillstandsabkommen wurden in dem Salonwagen geleistet, in dem die deutsche Kapitulationsurkunde des Ersten Weltkrieges unterschrieben worden war. Als Folge der französischen Kapitulation wurde Frankreich zunächst geteilt Der Norden - Kanal- und Atlantikküste bis zur Loire – wurde von der Deutschen Wehrmacht besetzt.

Die Lebenserzählung der Susi Herz: 60 Jahre (danach) sind nicht vergessen

zum Gebet befand. Der Rabbiner begrüßte die Soldaten, gleichzeitig bat er die Gemeindemitglieder um ihre Gastfreundschaft, die Soldaten zu sich nach Hause einzuladen. Natürlich lud auch mein Vater einige Soldaten – ich glaube, es waren insgesamt drei - zu uns nach Hause ein, die dann bei uns schliefen und von unserer Familie auch versorgt wurden. Unter diesen Soldaten. das können Sie sich denken, befand sich auch mein (späterer) Mann. Jetzt wissen Sie es endlich, so fing alles an.

Gabriele Khanna: Wie lange hat denn die Zeit des „Kennenlernens" gedauert? Was ich damit sagen bzw. erfragen will ist, wann haben Sie geheiratet?

Susi Herz: Geheiratet haben wir am 29. August 1943 in Melbourne.

Klaus Tofahrn: Haben Sie nach dem Zweiten Weltkrieg einmal Deutschland besucht? Wenn ja, wann und warum?

Susi Herz: Nach meiner Emigration aus Deutschland habe ich dieses Land länger als 60 Jahre nicht mehr betreten. Obwohl ich schon Anfang der neunziger Jahre regelmäßig Einladungen zu einem Besuch von Hamburg bekam, habe ich diese höflich aber bestimmt immer wieder abgelehnt. Damals war ich nicht bereit, Deutschland zu besuchen. Offensichtlich zu schwerwiegend – für mich – waren meine Erinnerungen an das Dritte Reich. Vielleicht hatte ich meine persönliche Vergangenheitsbewältigung nicht (noch nicht) abgeschlossen. Ein Sinneswandel in meinen Einstellungen zu Deutschland erfolgte einerseits durch meine Kinder (David geb. 1950, Simon geb. 1953 und Tanja geb. 1957), die mich immer wieder drängten, ihnen einmal meine „alte Heimat" zu zeigen und andererseits durch studienreisende Deutsche, die zufälligerweise aus meiner Geburtsstadt Hamburg kamen, und, die ich hier in Israel kennenlernte und die danach einen jahrelang dauernden Kontakt zu uns, zu meiner Familie unterhielten. Durch die vielen Gespräche, die vielen Informationen die ich so erhielt, also durch den permanenten Meinungsaustausch wurde nun doch meine Neugier geweckt. Vor etwa zwei Jahren – also 1998 – habe ich mich dann entschlossen, Deutschland doch einmal zu besuchen. Ich habe eine Einladung von der Stadt Hamburg angenommen. Mein Sohn David und ich sind dann nach Deutschland gereist.

Das Interview

Klaus Tofahrn:	Was haben Sie denn empfunden als Sie nach so langer Zeit wieder deutschen Boden betreten haben? Es war ja nicht mehr „*das Deutschland*", das Sie unter so unglückseligen Umständen und Bedingungen verlassen mußten.
Susi Herz:	Darüber war bzw. bin ich auch sehr froh, daß Deutschland nicht mehr so ist, wie es sich während des Dritten Reiches „präsentiert" hat. Immerhin waren seit meiner Ausreise nach Australien rd. 60 Jahre vergangen – und doch habe ich Deutschland *nie vergessen*. Ich war neugierig und ängstlich zugleich - zurückhaltend mit meinen Erwartungen und doch euphorisch in meinen Gefühlen, das „Neue" Deutschland – und das galt ja eigentlich im doppelten Sinne nach der Wiedervereinigung – kennenzulernen. Meine Erwartungen wurden nicht enttäuscht; im Gegenteil, sie wurden bei weitem übertroffen. Ich hatte zu vielen Menschen Kontakt; ich konnte mit ihnen offen über unsere gemeinsame Vergangenheit reden
Gabriele Khanna:	Was wünschen sie sich denn, Frau Herz, für die Zukunft?
Susi Herz:	Da brauche ich nicht lange zu überlegen; die Antwort fällt mir leicht. Für mich selbst wünsche ich mir die notwendige Gesundheit, für die Welt wünsche ich mir mehr Rücksichtnahme auf die Probleme der anderen [vielleicht lassen diese sich ja mit gemeinsamen Anstrengungen lösen], und insbesondere für mein Land, in dem ich gerne lebe, wünsche ich mir den von uns allen, damit meine ich alle meine Landsleute, den herbeigesehnten Frieden, der dann hoffentlich von stabiler Natur ist. Ich hoffe, daß die an diesem Prozeß beteiligten und Verantwortung tragenden Politiker die notwendigen Fähigkeiten besitzen und den Mut aufbringen, zu den erforderlichen Entscheidungen und Einschnitten gelangen, damit der Friedensprozeß hier in dieser doch noch unruhigen Region endlich zu einem tragbaren Abschluß kommen kann.
Gabriele Khanna:	Frau Herz, das war ein – so meine ich – sehr emotionales aber auch hoffnungsvolles Schlußwort. Dem ist eigentlich nichts mehr hinzuzufügen. Wir danken Ihnen sehr, daß Sie uns hier in Ihrer Wohnung in Rechovot empfangen haben, und daß Sie mit großer Geduld und Engagement unsere Fragen beantwortet haben.

2. Zur Vorgeschichte der Herz-Publikation über die Ereignisse in Dinslaken während der Reichspogromnacht am 9./10. November 1938

> Die Gewalt einer Sprache ist nicht,
> daß sie das Fremde abweist,
> sondern daß sie es verschlingt.
> (Johann Wolfgang von Goethe)

Die Veröffentlichung des Kapitels „**Kristallnacht im Dinslakener Waisenhaus und Abschied aus Bad Homburg**"[48] steht offensichtlich im Zusammenhang mit dem Beschluß des Rates der Stadt Dinslaken vom 8. Mai 1985, die „*Möglichkeiten einer Partnerschaft zwischen einer israelischen Stadt und der Stadt Dinslaken zu prüfen*" (Auszug aus der Empfehlung der Delegation der Stadt Dinslaken über den Besuch in Israel vom 8. bis 24. April 1987, S. 1). Das vertiefende Studium der zur Einsicht zugänglichen Akten bzw. des Schriftverkehrs erlaubt den Schluß, daß zumindest eine Initialzündung mit einer katalysatorischen Wirkung, dieses Vorhaben zu realisieren, nicht ausgeschlossen werden kann.

Im Vorfeld bzw. im weiteren Verlauf der Überlegungen und mit „einsetzender" Organisation wurde auch Dr. Sophoni Herz mit Schreiben vom Kulturverwaltungsamt vom 12. März 1987 über den Wunsch der Stadt Dinslaken, eine Partnerschaft mit einer israelischen Stadt einzugehen, informiert (zum Antwortschreiben verweisen wir auf die Pkte. 2.1. und 2.2.).

Gemäß Beschluß des Hauptausschusses vom 16.12.1986 reiste schließlich eine städtische Delegation – *dieser gehörten die Herren Karl-Heinz Klingen (SPD, Bürgermeister der Stadt Dinslaken), Hans Hendgen (CDU, Mitglied des Rates und Vorsitzender des Kulturausschusses), Jürgen Grafen (SPD, Mitglied des Rates) und Helmut Schmitz, Leiter des Kulturverwaltungsamtes)* an – nach Israel, um die Voraussetzungen und Bedingungen für den Abschluß einer Städtepartnerschaft auszuloten. Das umfangreiche Besuchsprogramm erlaubte den Herren Hendgen und Schmitz eine Kontaktaufnahme zur Familie Herz, die in Rechovot lebte. Am Vormittag des

---

[48] „Kristallnacht in Dinslaken" ist das letzte Kapitel eines Manuskripts, betitelt „Erfahrung und Leben in Nazi-Deutschland". Ich [Sophoni Herz] schrieb diese Arbeit im Jahre 1940 als politischer Flüchtling in Australien und sandte sie der „Literary Price Competition", die damals von der Harvard University Faculty, Camebridge, Massachussetts U.S.A., durchgeführt wurde. Mein Paper, das 1976 von „YAD Vaschem" – Jerusalem in Englisch (Crystal-Night) und Hebräisch veröffentlicht wurde, war von den Richtern des Literarischen Preisausschreibens (Professoren Gordon W. Allport, Sidney B. Fay und Edward V. Hartshorne) als eine der 20 besten Arbeiten von mehr als 200 Eingängen bezeichnet worden. Eine französische Übersetzung von „Dinslaken" (La Nuit de Cristal) ist bereits im Jahre 1972 von dem Verlag Robert Laffont – Paris herausgebracht worden.

23. April 1987 kam es in der Wohnung des Ehepaares Herz zu einem Treffen, das nach anfänglichen Schwierigkeiten zu einem mehrstündigen Gedankenaustausch führte. Die Gespräche fanden – anfänglich in englischer Sprache geführt – nach Erinnerung der Beteiligten zunächst in einer „frostigen" Atmosphäre statt. Sophoni Herz beklagte sich, daß sein in Deutschland veröffentlichtes Buch („Meine Erinnerungen an Bad Homburg und seine 600-jährige jüdische Gemeinde [1335 – 1942]"), nicht die von ihm erwartete und erhoffte Resonanz gefunden hätte. Leider gälte das auch für die „Dinslakener Verhältnisse". Im Bericht der bereits erwähnten „Empfehlung der Delegation der Stadt Dinslaken nach dem Besuch in Israel [...]" ist unter dem Datum, Donnerstag, 23. April 1987, folgender Eintrag zu finden:

> *„[...] An diesem Tage fahren Hans Hendgen und Helmut Schmitz zu Dr. Herz, dem ehemaligen Erzieher des jüdischen Waisenhauses. Die anderen Delegationsmitglieder [Bürgermeister Karl-Heinz Klingen und Stadtverordneter Jürgen Grafen] fahren nach Tel Aviv zum Diaspora-Museum.*
>
> *Dr. Herz und seine Ehefrau empfangen uns nach fast dreistündiger Fahrt um 10.30 Uhr in ihrer Wohnung in Re(c)hovot. Man spürt bei dem Gespräch mit Dr. Herz sehr deutlich, daß die alten Wunden noch nicht wieder verheilt sind. Er kommt verständlicherweise immer wieder auf die schrecklichen Geschehnisse in der Kristallnacht zu sprechen.*
>
> *Dr. Herz äußert den Wunsch, daß zum 10.11.1987 seine von ihm verfaßte Schrift „Kristallnacht in Dinslaken" als Sonderdruck für Dinslaken aufgelegt wird. Gleichfalls sollte als Anhang eine Liste der Dinslakener Juden von 1936 beigefügt werden sowie eine Aufzählung der jüdischen Soldaten, die im Krieg gefallen sind.*
>
> *Das Gespräch mit Herrn Dr. Herz dauerte etwa 3 Stunden und man ist sich einig, durch gegenseitige Briefkontakte (siehe hierzu auch Pkt. 2.1. und 2.2.) voneinander hören zu lassen (ebd. 1987, S. 23).*

Nach Abschluß dieser Reise sprach die Delegation dem Hauptausschuß die Empfehlung aus, eine Städtepartnerschaft mit der in der Negev-Wüste liegenden Stadt ARAD einzugehen. Diese Partnerschaft besteht nunmehr seit 1989 und führt zu regelmäßigen Austauschmaßnahmen, u.a. zwischen den „Partnerschulen" ORT-HighSchool in Arad und dem Theodor-Heuss-Gymnasium in Dinslaken. Gleichzeitig wurde der Bitte von Herrn Dr. Herz, seine Erlebnisse während der „Kristallnacht in Dinslaken" in einem Sonderdruck zu publizieren, entsprochen. Dieser „Sonderdruck" – Herausgeber war die Stadt Dinslaken, der Stadtdirektor - erschien mit einer Auflage von 1.000 Exemplaren im Jahre 1987. Er wird im Rahmen dieser Arbeit (Kapitel 3.) in einer lesbareren, aber ungekürzten und orthographisch nicht veränderten Form wiedergegeben.

2.1. Brief von Sophoni Herz[49]
an den Stadtdirektor der Stadt Dinslaken vom 25. März 1987

Sehr geehrte Herren!

Ihre werten Zeilen vom 12.3.87 haben mich, in der Tat, sehr erfreut, zumal mein Dinslakener Kontakt schon seit Jahren völlig versandet ist.

An sich, bin ich kein „einheimischer" Dinslakener, und habe nur durch meine Erzieherstelle im Waisenhaus meine Wirkungsstätte dort gefunden. Mein Buch „Erinnerungen an Bad Homburg und seine 600jährige jüdische Gemeinde (1335 – 1942)", das als spezielles Kapitel „Kristallnacht in Dinslaken" (YAD VASHEM – Jerusalem) enthält, wird Ihnen ja sicher bekannt sein.

Zur Sache selbst: Wir freuen uns sehr, Herrn Bürgermeister Karl-Heinz Klingen und seine Mitarbeiter hier in unserem Hause begrüßen zu können. Wie Sie wissen, ist gerade um diese Zeit unsere „Osterwoche" (genannt PESACH). Und doch ist Zeit genug vorhanden, daß wir uns in unserem Apartment treffen können und müssen. Vielleicht dient Ihnen zu einem warmen Stelldichein der 14., 15., 22. oder 23. April; es kann morgens oder nachmittags sein. In unserer reichhaltigen Bibliothek findet sich Material, das sich bestimmt mit Ihren Interessen deckt.

Wir führen ein offenes Haus und werden alles daransetzen, daß Sie sich hier wirklich wohlfühlen werden. Ihrer baldigen Antwort mit Interesse entgegensehend, verbleibe ich mit besten Grüßen – auch im Namen meiner Gattin [Anmerkung des Vf. – Susi Herz]. Ihr Sophoni Herz.

2.2. Brief von Sophoni Herz[50] an das Kulturverwaltungsamt
der Stadt Dinslaken vom 27.4.1987

Sehr geehrte Herren Schmitz und Hendgen!

In der Annahme, daß Sie wohl und gesund wieder in Dinslaken angekommen sind und Ihre Aktivitäten mit voller Tatkraft aufgenommen haben, richte ich diese Zeilen an Sie. Zunächst will ich Ihnen nochmals attestieren, daß wir uns außerordentlich mit Ihrem Besuch gefreut haben – und nicht nur das. Zweifelsohne hat der Gedankenaustausch uns geistig viel viel nähergebracht. Wir bedauern nur sehr, daß die andere

---

[49] Diesen Brief schrieb Sophoni Herz in seiner Wohnung in 76216 Rechovot/Israel (41 Joseph Wiener Str., Apt. 12). Das Schreiben ist am 1. April 1987 bei der Stadt Dinslaken eingegangen. Eine Kopie dieses Schreibens befindet sich in Händen von KWT. Orthographische Änderungen wurden nicht vorgenommen.

[50] Diesen Brief schrieb Sophoni Herz aus Rechovot/Israel. Das Schreiben ist am 4. Mai 1987 bei der Stadt Dinslaken eingegangen. Eine Kopie dieses Schreibens befindet sich in Händen von KWT. Orthographische Änderungen wurden nicht vorgenommen.

Hälfte der Delegation, Bürgermeister Klingen und Stadtverordneter Grafen, nicht mehr meistern konnten, sich in Joseph Wiener Straße einzustellen.

Während Ihrer Israelitage werden Sie sicher beobachtet haben, daß es kein Märchen ist, daß jüdische Menschen – vom Professor bis zum Briefträger – die einstige Wüste, genannt Palästina, in einen blühenden Agrar- und Industriestaat verwandelt haben. Dieses ist eine Metamorphysis, welche trotz des Verlustes von 6 Millionen Juden, oder gerade kraft der Ursache dieses einzig darstehenden Dramas in moderner Geschichte, möglich war.

Der Holocaust, der sich im Rahmen des DEMJANJNK-Verfahrens hier abspielt und von dem Sie sicher im T.V. einiges gehört oder gelesen haben, beweist nur, wie schmerzhaft die Wunden der damaligen Epoche noch heute fühlbar sind. Es ist keine Übertreibung, wenn ich sage, daß hier fast keine Familie wohnt, die nicht einen hohen zahlenmäßigen Beitrag gegeben hat, um die jüdische Verlustzahl von 6 Millionen zu zählen.

Und das bringt mich wieder zu „Dinslaken" und zur „Kristallnacht". Wie Sie ja wissen, war ich um diese Zeit am Dinslakener Waisenhaus als Leiter und Erzieher tätig und wurde von der damaligen Naziverwaltung als Sprecher für die Waisenkinder sowie für die „Jüdische Gemeinde" eingesetzt. Als einstiger Redakteur und Reporter gehörte ich zu den wenigen Juden in Deutschland, der die Nazischau in Dinslaken durch tägliche Notizen festgehalten hat. Im literarischen Preisausschreiben der Harvard-Universität wurde meine Arbeit als eine der besten unter mehr als 200 Einsendungen gewertet. YAD VASHEM gab sie in Ivrith und Englisch heraus. In meinem Homburgbuch ist sie in Deutsch eingegliedert (Seiten 284 – 301).

Nachdem alle Verlagsrechte in meiner Hand liegen, ist es mein sehnlichster Wunsch, meinen Report einem weiten Leserkreis zugänglich zu machen und „Dinslaken" anläßlich der diesjährigen Jahreswiederkehr der Kristallnachttage mit Hilfe Ihres Kulturverwaltungsamtes herauszugeben. Wir diskutierten hier über dieses literarische Projekt. An sich war einer der Hemmschuhe, daß es 1988 50 Jahre sind, daß das grausige Inferno geschah. Ich sagte Ihnen, daß ich bereits 82 bin und mit Gottes Hilfe die feste Absicht habe, noch viele Jahre in geistiger und körperlicher Frische zu verbringen. Die Tatsache ist, daß die 50 bereits hinter einer Ecke lauert. Wie wäre es nun, um die Schrift für das Auge zugkräftiger zu machen, wenn wir „Dinslaken" folgenden Titel gäben:

Fast 50 Jahre sind vergangen ..... !
Kristallnacht im Dinslakener Waisenhaus und
die Emigration der Kinder (1938 – 39).

Mit meinen besten Grüßen für Sie, zu Herrn Bürgermeister Klingen sowie Herrn Stadtverordneten Grafen, verbleibe ich mit allen guten Wünschen, auch im Namen meiner Gattin, Ihr Sophoni Herz.

> Die Liebe zum Staat ist in einer Demokratie
> die Liebe zur Demokratie, und die Liebe
> zur Demokratie ist die Liebe zur Gleichheit.
> Die Liebe zur Gleichheit begrenzt in der
> Demokratie den Ehrgeiz des einzelnen
> durch den alleinigen Wunsch und das
> alleinige Glück, seinem Vaterlande größere
> Dienste zu erweisen als jeder andere Bürger.
> (Montesquieu – Geist der Gesetze)

3. Die Geschichte des Yitzhak Sophoni Herz

Fast 50 Jahre sind vergessen
Kristallnacht in Dinslaken am 10. November 1938

3.1. Vorwort

„Fast 50 Jahre sind vergessen"
so lautet der Titel der Veröffentlichung über die Geschehnisse der Kristallnacht in Dinslaken am 10. November 1938. Der Verfasser, Herr Dr. Sophoni Herz, hat am 23.04.1987 anläßlich des Besuches einer städtischen Delegation in Israel den Wunsch geäußert, den Text in einer Broschüre zum 49. Jahr der Wiederkehr der Kristallnacht herauszugeben. Diesem Wunsch kommt die Stadt Dinslaken gerne nach.

Als ehemaliger Redakteur und Reporter gehörte Dr. Herz zu den wenigen Juden in Deutschland, die die Ereignisse in Dinslaken durch tägliche Notizen festgehalten haben. Die Aufzeichnungen von Herrn Dr. Herz zeigen in erschütternder Weise, wie jüdische Bürgerinnen und Bürger und insbesondere die Kinder des israelischen Waisenhauses hilflos der Naziherrschaft ausgeliefert waren.

Im literarischen Preisausschreiben der Harvard-Universität wurde die Arbeit von Herrn Dr. Herz als eine der besten unter mehr als 200 Einsendungen bewertet. Der Text ist 1972 in französischer, 1976 in englischer und hebräischer Sprache veröffentlicht worden.

Heute erinnern Gedenktafeln an das Waisenhaus und an die Synagoge und damit auch an die Ereignisse vom 10. November 1938.

Rat und Verwaltung der Stadt Dinslaken wünschen und hoffen, daß dieses Buch mit dazu beiträgt, die Schreckenstaten in Erinnerung zu halten, damit derartiges nie wieder geschieht.

Dinslaken, im November 1987   Klingen
                                                          Bürgermeister

3.2. Zum Geleit

Mein Leben umspannt bereits mehr als acht Jahrzehnte, und diese Jahre waren ausgefüllt nicht nur mit Arbeit, Lernen und Familienleben, wie es normalerweise sein sollte, sondern mit Weltkriegen, Revolutionen, Rassenverächtung, Auswanderung, Verschickung als Gefangener – weitere Kriege, jedoch das tiefste, erschütterndste Erlebnis war und ist für mich die Kristallnacht am 10. November 1938 in Dinslaken.

Ich war Erzieher im jüdischen Waisenhaus in Dinslaken, und nachdem der frühere Leiter des Heimes, Dr. Rotschild[51], gerade in den letzten Wochen vor dem 10. November nach Palästina ausgewandert war, wurde ich als verantwortlicher Leiter des Heimes eingesetzt. Als ehemaliger Journalist war es mir besonders daran gelegen, die Geschehnisse dieses Tages wahrheitsgemäß festzulegen – nicht ahnend, daß später

---

[51] Hier handelt es sich um *Dr. Leopold Rothschild* (geb. 1880 in Waltersbrück/Fritzlar), der in Dinslaken auf der Neustraße 43 wohnte. Siehe hierzu auch: Tohermes/Grafen 1987, S. 97.

noch viel furchtbare Geschehnisse über die Juden Deutschlands und fast ganz Europa geplant waren.

„Kristallnacht in Dinslaken" ist ein spezielles Kapitel [Anm. des Vf., S. 284 – 301] aus meinem 337 Seiten umfassenden Buch „Meine Erinnerung an Bad Homburg und seine 600jährige jüdische Geschichte (1335 – 1942)" by Yitzhak Sophoni Herz, Rechovot, das in einer 1. Auflage 1981 und in einer 2. Auflage 1983 erschienen ist. Obwohl es bereits eine weitverbreitete Literatur über dieses Inferno des 10. Novembers 1938 gibt, so erlebte doch jedes einzelne Mitglied der jüdischen Gemeinde in jeder Stadt Deutschlands diesen Tag in einer anderen Form. Viele Männer waren sogleich passive Opfer, da sie sofort gefangen, geschlagen und in Konzentrationslager verschickt wurden.

Frauen und Kinder waren an diesem Tage meistens verschont geblieben, sie lebten nur in Ängsten um das Leben ihrer Männer oder älteren Söhne. Manche, besonders mutige, tapfere Frauen, benutzten alle Mittel und Wege, um ihre Männer zu verstecken, in der Hoffnung, daß nach einigen Tagen die Gewalttaten nachlassen würden. Leider mußten manche Frauen ihre Männer, die an Verwundungen starben, sofort begraben. Auch diese letzte Ehrung war oftmals eine weitere Schändung der Menschlichkeit, da es kaum jemand wagte, den Toten das letzte Geleit zu geben.

Wie mir bei der Erstürmung des Kinderheimes leise erwähnt wurde, blieben mir körperliche Demütigungen und Gewalttaten erspart. Die Geschehnisse dieses Tages jedoch waren die letzten Eindrücke und Erlebnisse für mich aus dieser Periode 1933 – 1945.

Ich war verantwortlicher Sprecher der jüdischen Gemeinde, besser ihrer Reste, in Dinslaken. Manche Kinder oder Frauen mögen – wie ich – auf wunderbare Weise gerettet worden sein. Für viele andere war ich leider der letzte Vertreter ihrer Interessen, bevor sie in den Tod der Konzentrationslager getrieben wurden.

Rechovot 1987   Yitzhak Herz

3.3. Kristallnacht im Dinslakener Waisenhaus und Abschied aus Bad Homburg

[10. November 1938]

Morgens 5.45. Das sehr energische Läuten zur früher Morgenstunde brachte mich schnell aus dem Schlaf. Rasch warf ich einen Mantel um und öffnete – nichts Gutes ahnend – die Haustür. Drei Männer, zwei Gestopovertreter und ein Polizeibeamter, traten ein und erklärten sogleich, wie in allen jüdischen Wohnungen so auch im jüdischen Waisenhaus eine Durchsuchung nach Waffen vornehmen zu müssen. Die Beamten gingen sofort an ihre Aufgabe, durchsuchten allerdings nur die Paterreräume der Kinder. Im Büro wurde die Telephonleitung durchschnitten, Kästen und Bücher kontrolliert und nach Bargeld geforscht, das den jungen Studenten gehörte. In einem unbeobachteten Augenblick flüsterte mir der Gestapobeamte Schneider ins Ohr: *„Alle jüdischen Männer der Stadt sind heute nacht verhaftet worden! Machen Sie sich keine Sorgen, Ihnen geschieht nichts! Sie werden mit den Kindern zusammenbleiben und völlig die Verantwortung für sie haben!"* Schneider war, wie ich später erfuhr, ein früherer Sozialdemokrat und hatte stets zu den jüdischen Bürgern eine freundliche Neigung. Nach einer etwa zwanzigminütigen Haussuchung, die – wie zu erwarten war – völlig ergebnislos verlief, verabschiedeten sich die Gestapobeamten mit der Erklärung: *„Bis 10.00 Uhr vormittags darf niemand das Haus verlassen! Alle Fensterläden nach der Straßenseite müssen geschlossen bleiben; erst etwa nach 10.00 Uhr vormittags ist alles (?) vorbei!"* Ungefähr eine Stunde später, um 7.00 Uhr, sollte in der Haussynagoge des Waisenhauses die Morgenandacht beginnen, an der zumeist auch einige Männer aus der Stadt teilnahmen. Auch dieses Mal blieben sie fast alle aus. Nur der jüdische Lehrer des Ortes sowie zwei Juden polnischer Nationalität, die bei der „Polenaktion" vom Oktober der Verschleppung nach dem an der polnischen Grenze gelegenen Zbonszyn nicht erfaßt worden waren, hatten sich eingefunden. Plötzlich hörte ich wieder ein energisches Schellen, das von der Türe des Haupteingangs her kam. Hastig öffnete ich das Haustor. Im trüben Licht einer Straßenlampe – es war nebliger Morgen – erkannte ich das Gesicht eines mir völlig fremden Mannes mit jüdischem Aussehen. In wenigen Worten erzählte mir der Fremde:

„Ich bin der Vorsitzende der Jüdischen Gemeinde von Düsseldorf. Ich verbrachte die Nacht im Warteraum der Eisenbahnstation von Gelsenkirchen. Ich habe nur ein Verlangen: Geben Sie mir bitte, für eine kurze Zeit Zuflucht in Ihrem Waisenhaus! Als ich nach Dinslaken reiste, hörte ich im Zuge, daß überall in Deutschland antisemitische Unruhen ausgebrochen und viele Juden verhaftet worden seien. Synagogen habe man überall in Brand gesteckt!"

Mit größter Spannung hörte ich mir die Hiobsnachrichten dieses Mannes an, bis er schließlich mit zitternder Stimme sagte: *„Nein, ich komme nicht herein! Wir sind alle verloren!"* Mit diesen Worten verschwandt er im tiefen Nebel, der wie ein Schleier das erste Morgengrauen verhüllte. Ich sah den mir unbekannten Juden nie wieder.

Trotz der beunruhigenden Informationen bewahrte ich Ruhe, um unter keinen Umständen im Hause eine Panikstimmung aufkommen zu lassen. Und doch war ich der Auffassung, daß die Kinder und Praktikantinnen nicht ganz unvorbereitet von der herannahenden Katastrophe erfaßt werden sollten. Um 7.30 Uhr rief ich alle zum Internat gehörenden Personen, 46 an der Zahl, – darunter 32 Kinder im Alter von 6 bis 16 Jahren – in den Speisesaal. Hier erzählte ich ihnen folgendes:

Die Geschichte des Yitzhak Sophoni Herz: Fast 50 Jahre sind vergessen

„Wie Ihr wißt, ist gestern abend Herr von Rath[52]*, ein Mitglied der Deutschen Botschaft in Paris, den Verletzungen eines Attentats erlegen. Man macht hierfür uns Juden verantwortlich. Die innenpolitische Hochspannung in Deutschland hat nunmehr rein antisemitische Farbe bekommen, und sie wird in den nächsten Stunden mit aller Wahrscheinlichkeit ihre Auslösung in antisemitischen Ausschreitungen finden, auch in unserer Stadt. Ich habe das Gefühl, daß wir Juden in Deutschland seit dem Mittelalter nicht mehr solch harte Wege begehen mußten, wie es heute der Fall sein wird. Bleibt stark! Vertrauet auf Gott! Wir werden auch diese schweren Zeiten überstehen! Niemand hält sich mehr in den oberen Räumen des Hauses auf! Die Türe zur Straße wird nur noch von mir geöffnet! Alles hört nur noch auf meine Anweisungen!"*

Nach gemeinsamem Frühstück wurden die Zöglinge in den Arbeitssaal des Waisenhauses geschickt, wo der Lehrer versuchte, sie alle irgendwie zu beschäftigen. 9.30 Uhr! Starkes Schellen an der Haustüre. Ich öffnete. In diesem Augenblick stürmten etwa 50 Männer – viele den Kragen ihres Mantels oder Jacketts hochgeschlagen – in das Haus. Glücklicherweise begaben sie sich erst in den leeren Speisesaal, um dort mit einer fast wissenschaftlichen Gründlichkeit ein Zerstörungswerk zu beginnen. Furchtbare Angstschreie der Kinder hallten durch das Gebäude. Ich rief mit überlauter Stimme: *„Kinder, geht sofort mit mir auf die Straße!"* Diese Anordnung war natürlich gegen den Befehl der Gestapo. Doch ich dachte, auf der Straße ist die Gefahr um Nuancen kleiner als im Hause. Die Kinder kamen sofort eine kleine Hintertreppe heruntergestürmt; die meisten ohne Hut und Mantel, trotz des kalten und nassen Wetters. Ich lief mit ihnen bis zur nächsten Straßenkreuzung, wo sich das Rathaus befand. Dort wollte ich mich in den Schutz der Polizei begeben. Etwa zehn Polizisten waren hier stationiert. Anlaß genug für ein schaulustiges Publikum, auf etwa kommende Sensationen zu warten. Sie kamen auch gleich, indem mir der Hauptwachmeister der Schutzpolizei, Freihahn, entgegenschrie: *„Die Juden bekommen von uns keinen Schutz. Machen Sie, daß Sie mit Ihren Kindern weiterkommen!"* Freihahn trieb uns nach einer Seitenstraße ab, in der Richtung zur Garten- (Rück-) Seite des Waisenhauses. Da ich Freihahn den Schlüssel zum Gartentor nicht geben konnte, zog er sein Seitengewehr. In diesem Augenblick erklärte ich ihm: *„Schlagen Sie mich und die Kinder doch tot, dann ist der Fall schnell erledigt!"* Wir wurden dann auf die Wiese des Waisenhauses getrieben mit der Anweisung, unter keinen Umständen diese Stelle zu verlassen. Von hier aus konnte man nun beobachten, wie vor den Augen der Polizei das Inventar des Waisenhauses systematisch zerstört wurde. In kurzen Abständen hörten wir das Knirschen von Glas und zerbrochenen Fen-

---

[52] Wir verweisen an dieser Stelle auf den **Exkurs** „Reichspogromnacht – 9./10. November 1938" (Seiten 44 - 47).

sterscheiben, oder das Hämmern gegen Möbelstücke, Bücher, Stühle, Tische, Betten, Teile des Klaviers. Ein großer Radioapparat, Landkarten u.a.m. flogen durch Öffnungen in der Wand, wo zuvor Fenster und Türen waren. In der Zwischenzeit hatte sich ein sensationslüsternes Publikum um das Gebäude herum angesammelt, das bald einige hundert Personen zählte. Unter ihnen bemerkte ich bekannte Gesichter, Leute, die nur einen Tag oder eine Woche früher glücklich waren, mit dem jüdischen Internat in Geschäftsverbindung zu stehen. Diesmal verhielten sie sich völlig passiv und beobachteten die Zerstörung ohne jegliche Gemütsbewegung. Gegen 10.15 Uhr hörten wir das Geheule von Sirenen. Wir sahen eine riesige Rauchwolke, deren Richtung sogleich verriet, daß sie von der Synagoge kam; die Nazis hatten diese in Brand gesteckt. Sehr bald sah man andere Rauchwolken, gemischt mit Feuerfunken, aufgehen. Wie ich dann später bemerkte, hatte man mehrere Häuser in der Nachbarschaft der Synagoge ebenfalls unter der fachmännischen Anleitung von einigen Feuerwehrleuten angesteckt oder zu halben Ruinen gemacht. Die Anwesenheit der „Feuerlöscher" war eine Notwendigkeit, um die nichtjüdischen Gebäude in der Nachbarschaft der Judenhäuser zu schützen.

Um 10.45 Uhr kam der Polizeikommissar der Stadt Dinslaken auf mich zu, um – wie er sich ausdrückte – mit mir die Lage zu besprechen. Er sagte in einem Tone, der über das Geschehene seine Mißbilligung verraten sollte, er wünsche mit mir einmal durch das Waisenhaus zu gehen. In der Zwischenzeit hatten fast alle Nazis die Zerstörungsstätte verlassen. Während wir von Raum zu Raum wanderten und vorsichtig die Treppen bestiegen – denn sogar das Treppengeländer des Hauses war teilweise herausgerissen – fragte mich der Offizier nach meinen Zukunftsplänen. Ich antwortete ihm kurz, daß ich von der Behörde die Erlaubnis haben möchte, so schnell wie möglich mit den Kindern nach Belgien oder Holland auszuwandern. Als wir unsere Inspektion fortsetzten und über Haufen von Scherben, Schutt, zerstörten Möbelresten, unseren Weg finden mußten, wurden wir plötzlich von einem jungen Burschen in braunen Hosen und einer Ziviljacke gesehen. Er schrie den Polizeikommissar mit einer gewöhnlichen Stimme an: *„Was will denn dieser Saujude bei Ihnen?"* Hierauf gab mir der „freundliche" Polizeioffizier den Befehl, *„so schnell wie möglich zu meinen Rassegenossen zurückzukehren"*. Mir blieb nichts weiter übrig, als eiligst zu verschwinden und zu meinen Schutzbefohlenen zu rennen.

In der Zwischenzeit hatten sich einige Polizeibeamte eingefunden. Sie befahlen mir, alle Kinder, ältere Schüler und die Angestellten des Waisenhauses für einen Marsch durch das Zentrum von Dinslaken vorzubereiten. Die Polizei würde mich für die kürzestmögliche Zeit für die Vorbereitungen verantwortlich machen. Die Neuigkeit über die „Judenparade" oder den „Judenzug" – das war der spöttische Name, den man dieser Art von „Prozession" gab – sprang wie ein Lauffeuer durch die Straßen der Stadt. Die Dinslakener füllten drei oder gar vier Reihen tief die Bürgersteige auf beiden Seiten der Straße, um die Judenprozession zu erwarten. Die meisten dieser Zuschauer unterließen jedwede laute Bemerkungen. Einige Gesichtszüge verrieten

Die Geschichte des Yitzhak Sophoni Herz: Fast 50 Jahre sind vergessen

klare Verachtung für die Vorgänge. Dem Zuge voran schritten zwei Polizeibeamte, flankiert von uniformierten Nazis. Die kleinen Kinder des Waisenhauses wurden gezwungen, ihren Platz in einem Leiterwagen zu nehmen, der von vier Jungen des Internats gezogen werden mußte. Auf einmal, von der Straßenecke aus, hörte man die laute Stimme des Polizeibeamten Freihahn:

"Freunde – er meinte die SA-Leute – *was macht Ihr da! Wollt Ihr etwa den Judenzug begleiten? Sie werden und müssen selbst wissen, wo Ihr Stall sein wird".*

Die beiden Polizeibeamten, die den Zug leiteten, folgten sofort Freihahns Rat und verließen die von ihnen angeführte „Judenparade".

Man trieb uns in einen Schulhof, dicht bei Dinslakens Synagoge. Im Schulhof hatten wir einige Zeit zu warten. Einige Juden, die bisher noch Verhaftung oder Verschickung in Konzentrationslager entgangen waren, schlossen sich nun unserer Gemeinschaft an. Viele, meistens Frauen, waren ärmlich gekleidet. Sie erzählten mir, daß sie von den braunen Horden aus ihren Wohnungen getrieben worden waren. Man hatte ihnen befohlen, alles zu Hause zu lassen und sofort mitzukommen; man brachte sie unter Naziaufsicht zum Schulhof. Ein wachhabender SA-Mann forderte herumstehende Dinslakener auf, den Schulhof zu verlassen, *„zumal diese Juden eines Blikkes noch nicht einmal wert seien!"*

In der Zwischenzeit war unsere „Familie" auf etwa 90 Personen angewachsen. Alle wurden in dem kleinen Schulsaal untergebracht. Niemand durfte den Raum verlassen. Die „wehrfähigen" Männer wurden nach einigen Minuten zur Arbeit gerufen. Nur die über Sechzigjährigen – darunter Leute von 75 Jahren – konnten bleiben. Wie man bald erfuhr, wurden alle Männer unter dem sechzigsten Lebensjahr nach dem Konzentrationslager Dachau abgeschoben. Solange sie noch im Gefängnis warten mußten, jedoch in Schutzhaft waren, war es den jüdischen Leuten erlaubt, einige Lebensmittel zu kaufen. Diese Situation dauerte nur wenige Stunden. Mir wurde von einem Polizeibeamten, der in seinem Herzen ein Gegner der Nazis war, gestanden, daß zahlreiche der jüdischen Männer vor ihrem Abtransport nach Dachau von SA-Leuten geschlagen wurden. Sie wurden getreten, geohrfeigt und erlitten alle Arten von Erniedrigungen. Viele, die solchen Mißhandlungen ausgesetzt waren, hatten während des Weltkrieges in der deutschen Armee gedient. Einer, ein Herr Hugo B.C., trug einst mit Stolz sein Eisernes Kreuz I. Klasse, das ihm für besondere Tapferkeit vor dem Feinde verliehen worden war.

Ich selbst hatte unendliches Glück. Der „Aktionsleiter" teilte mir mit, daß ich unter den Juden für Ruhe und Ordnung zu sorgen hätte. Weiterhin ernannte er mich zum Sprecher für alle in Schutzhaft befindlichen Juden. Man gab mir den Auftrag, eine Personenliste von allen im Schulhaus Inhaftierten anzufertigen. Natürlich ging das nur sehr langsam vor sich; es gab dauernd Störungen. Da wurde eine Frau ohnmächtig, eine andere verlangte nach Wasser, eine weitere klagte über starke Kopfschmerzen. Der pensionierte alte jüdische Lehrer Dinslakens, ein besonders würdig aussehender Greis (er war ein Stadtverordneter und Leiter der Handelsschule), saß stöhnend in einer Ecke. Sein Kopf blutete von den Schlägen, die ihm von den Nazis verabreicht worden waren. Es gelang mir mittels eines gebrauchten Briefumschlages, Wasser zu dem leidenden Manne zu bringen. Nur in einem unbeobachteten Augenblick konnte ich das Wasser von einem im Korridor befindlichen Wasserhahn stehlen, denn jedes Herausgehen aus dem Saal war verboten.

Unerwartet trat eine tiefe Stille ein. Ein Nazi in Zivil mit Schirmmütze betrat die Halle. In seiner Begleitung befand sich eine durchaus unbedeutend aussehende Frau Anfang der vierziger Jahre. Der Repräsentant der Partei sprach nunmehr zu den Anwesenden:

„Leute, nun hört zu: Unbekannte Elemente haben die Zerstörungen heute morgen angerichtet. Man kann das ja verstehen. Ihr müßt Euch vorstellen: Da trauern in Düsseldorf eine deutsche Mutter und ein deutscher Vater um den hoffnungsvollen Sohn, der von einem Juden ermordet wurde. Das müßt Ihr verstehen. Leute! Diese Frau – auf seine Begleiterin deutend – ist eine Deutsche. Das ist schon genug Grund für sie, als ehrlich und ehrwürdig betrachtet zu werden. Sie ist hier als Zeuge, daß keinem Juden ein Haar gekrümmt worden ist. Leute, Ihr braucht keine Angst zu haben! Wir sind ja schließlich nicht in Sowjet-Rußland. Die alten Leute – wenn sie wollen – können in das Krankenhaus gebracht werden. Ein Arzt wird sehr bald eintreffen. Falls Sie Hunger haben, müssen Sie Ihr Geld zusammenlegen. – Juden haben immer genug! Jemand kann dann in der Stadt etwas zum Essen holen!"

Nach einer kurzen Pause bat der Nazivertreter nochmals um Gehör:

„Leute, ich möchte noch bekanntgeben, daß die dem Waisenhaus gehörende Kuh in dem Stall eines deutschen Bauern untergebracht worden ist. Wir gaben ihm die Anordnung, dem Tier gutes Futter zu geben; denn Tiere sollen niemals leiden."

Inzwischen war ein Arzt eingetroffen, der die älteren Leute mit sichtlichem Mitgefühl behandelte. Sie wurden auf Schockfolgen und auf sonstige Verwundungen, die sie infolge der rauhen Behandlung durch die Nazis erhalten hatten, untersucht. Der Nachmittag verstrich schnell; jedoch Kinder und Erwachsene zeigten bereites Zeichen von Verzweiflung und Depression. Auf den Lippen eines jeden formte sich nur eine Frage „Was wird werden?" Es gab unter den Kindern einige, die ganz offensichtlich die Schwere der Situation nicht erfaßten. Einige – das war mein Eindruck – sahen in dem Nazigeschehen mehr eine sensationelle Vorstellung.

Um 6.30 Uhr abends gab uns der Nazi, der bereits am Morgen verantwortlich für uns war, die Ehre, uns einen zweiten Besuch abzustatten. Diesmal erschien er in eleganter Uniform. Er gab die Anweisung, daß alle in Schutzhaft befindlichen Juden sofort „fertiggemacht" werden müßten, um nach einer anderen Halle, die einem Gastwirt gehörte, zu marschieren. Die kleinen Kinder sollten – wie es am Morgen war – in einem kleinen Wagen Platz nehmen, welcher wiederum von vier Jungen gezogen werden mußte. Alle anderen, Männer und Frauen, hätten dahinter zu marschieren. Es dauerte etwa zwanzig Minuten, bis der „Judenzug" den anderen Platz erreichte. Wie zu erwarten war, standen wiederum große Menschenmengen auf beiden Seiten der Straße, um das „Schauspiel" zu beobachten. Die meisten waren ruhige Bürger. Ihre ernsten Gesichter ließen klar erkennen, daß sie diese Art antisemitischer Demonstrationen nicht billigten.

Wir erreichten das Gebäude etwa um 7.00 Uhr. Der Saal diente sonst als Tanzhalle; aber dieses Mal war er für einen anderen Zweck vorbereitet. Der Fußboden war mit Stroh und einigen Kissen, die dem Waisenhaus gehörten, bedeckt. Über der Bühne hing ein Bild von Adolf Hitler, das jedoch kurz vor unserer Ankunft mit einem Stück Tuch bedeckt worden war. Der diensttuende SA-Mann informierte mich, daß meinem Wunsche gemäß alle Gefangenen Makkaroni mit getrocknetem Obst erhalten würden; das wäre ihre nett zubereitete Abendkost. „*Die Nazis*" – so beteuerte er mir – „*haben kein Gift in das Essen getan!*" Etwa eine Stunde später erschien ein Polizeibeamter mit einem neuen Befehl, daß alle Jungen über 15 Jahre sowie die jüdischen Männer (meistens Invaliden vom Weltkrieg) an einem anderen Platze schlafen müßten. Der Stall des Juden L. sei als passender Aufenthalt für die Jungen und Männer gewählt worden – und dorthin wurden sie geführt.

Ungefähr um 10.00 Uhr sollte „Feierabend" sein. Alle Lichter wurden ausgelöscht, ausgenommen jene, die sich an den beiden Ausgängen befanden. In der Halle – zwischen den Kindern und Frauen – standen ungefähr vierzig SA- und SS-Männer, alle mit Pistolen bewaffnet. Diejenigen, die den Wänden entlang Aufstellung genommen hatten, sahen wie schreckliche Ungeheuer aus und flößten ihren jüdischen Gefangenen Angst ein. Ich hatte viel zu tun, die Kinder zu beruhigen, die in eine lange Reihe entlang einer Wand gelegt worden waren. Im Flüstertone forderte ich sie auf, mit mir im Chor das Nachtgebet zu sagen.

Ich muß zugeben, dieses war ein dramatischer Augenblick, erfüllt mit einer religiösen Gemütsbewegung. Sogar diese groben Gestalten in Naziuniform mußte einige Sekunden gerührt gewesen sein, als sie die Kinderstimmen in der Dunkelheit schallen hörten. In diesem Augenblick zogen sich die Nazis – einer nach dem anderen – zurück und überließen unseren „Schutz" einem Polizeibeamten und einem braununiformierten SA-Mann. Trotz wiederholter Versicherungen der Bewachung, bekräftigt mit „Ehrenworten", daß nichts geschehen werde, brauchte es noch lange, bis die Erwachsenen zur Ruhe kamen. Ich selbst blieb wach und versuchte, unsere „Beschützer" zu beobachten. Ich erinnerte mich an die Hauptfigur in *Heinrich Heines* „Der Rabbi von Bacharach" und seine Bemerkung zu seiner Frau, als beide die Judengasse von Frankfurt entlang schritten: *„Wie schlecht geschützt ist Israel! Falsche Freunde hüten seine Tore von außen und drinnen sind seine Hüter Narrheit und Furcht!"* Um 3.00 Uhr morgens mußten drei Personen mit dem Krankenwagen nach dem Krankenhaus gefahren werden. Dann trat wieder Ruhe ein. Man konnte nur die monotonen Schritte der auf- und abmarschierenden Wachposten hören. Es war Nacht! Offizielle „Ruhe" war angeordnet, welche unter Bewachung eingehalten wurde. Aber Ruhe, wahre Ruhe, war das nicht. Niemand schlief.

[11. November 1938]
Am nächsten Tag kam ein Beauftragter der Dinslakener Stadtverwaltung zu mir und führte sich selbst als der neubestimmte „Kommissar" ein, dessen Aufgabe es sei, für die Verpflegung der Juden Sorge zu tragen. Der Mann war der Prototyp des deutschen Beamten, der seine neue Aufgabe äußerst ernst nahm. Er unterrichtete mich sofort, daß man 132 Mark und 50 Pfennige in dem Büro des Waisenhauses gefunden hätte, und es sei ihm befohlen worden, über jeden Pfennig Rechenschaft zu geben. Ich hatte nicht den leisesten Zweifel, daß der Beamte es wirklich ernst und ehrlich meinte. Aber diese Art von Korrektheit, wenn man seinen Weg über Haufen von Zerstörungen, die von Vandalen ausgeführt worden waren, erzwingen mußte, konnte mich weder überzeugen noch täuschen. Während ich noch mit dem Mann sprach, brachte mir mein Schüler Arno Bergmann eine deutsche 20 Marknote, die er gerade in einem Schutthaufen in einer Ecke des einzigen Büros gefunden hätte; und unter solchen Umständen sprach der Dinslakener Behördenvertreter noch von korrekter Buchführung!

Man gab uns Erlaubnis, in der halbzerstörten Küche des Waisenhauses einige Mahlzeiten vorzubereiten. Der Ofen und die Wasserleitung waren noch in Ordnung, während die Zimmer, die Halle und das Treppenhaus des Gebäudes ein Bild völliger Unordnung und Zerstörung boten. Die Einmachgläser mit Früchten waren von den Nazis als Wurfgeschosse benutzt und gegen die Wände und Türen der Küche geworfen worden. Und doch war man überrascht, wie schnell wir uns an die neue Situation gewöhnten, die uns aufgezwungen wurde. Einige Polizisten sprachen – wenn sie sich sicher fühlten, d. h. wenn keine SA-Männer in Sicht waren—völlig ungezwungen mit mir über das grausame Geschehen. Mit vielen Worten der Entschuldigung erklärten die Beamten, daß sie mit diesen Verbrechen und Untaten nichts zu tun haben wollten; aber als Polizisten hätten sie die Befehle ihrer Vorgesetzten auszuführen. Ein anderer Hüter der Ordnung erzählte mir im Vertrauen, daß er während der Nacht des 10. Novembers etwa um 4.00 Uhr morgens, den Befehl erhielt, sofort zum Dinslakener Rathaus zu eilen, um an einer sehr wichtigen Aktion teilzunehmen. Der gleiche Offizier teilte mir mit, daß kurze Zeit später die Polizisten instruiert wurden, am 10. November die Straßen von Dinslaken nur den Nationalsozialisten zu überlassen. Die Polizisten sollten ihren Dienst in Straßen und Plätzen erst um 4.00 Uhr nachmittags übernehmen, wenn die „Aktion" vorbei sein werde.

[12. November 1938 – Schabbat]
Kurz nach unserem armseligen Frühstück kam einer meiner Schüler, der zusammen mit seinen Kameraden zu einer anderen „Schlafstelle" befohlen worden war, zu mir in die Halle. Er wollte mir etwas erzählen, aber nur unter der Bedingung, daß ich darüber schweigen werde. Der Junge fing an:

„Wie Sie wissen, waren wir gezwungen, in der vergangenen Nacht in einem Pferdestall zu schlafen. Plötzlich betrat im Dunkel der Nacht ein stark betrunkener SA-Mann unsere sogenannte Schlafstätte. Obwohl wir Juden unter der Obhut eines Polizeiwachtmeisters waren, zwang man uns, den Äußerungen des braunen Gesellen zuzuhören und seinen Anordnungen zu gehorchen. So waren wir gezwungen, unter seinem Kommando für etwa eine Stunde zu exerzieren. Als wir das Ende dieser Art von Drill erreicht hatten, mußten wir eine Strophe des „Horst-Wessel-Liedes" singen" (Dieses Lied war bekanntlich die Hymne der Nationalsozialistischen Bewegung).

So etwa verlief die Erzählung des Jungen. Wie es immer unter solchen Umständen der Fall ist, jemand, der an diesem Zwischenfall teilgenommen hatte, belauschte den Report. Diese Person flehte mich an, die Behörde nicht von diesem „ungesetzlichen" Zwischenfall zu unterrichten, welcher – wie er es hinstellte – als ziemlich harmlos ausgelegt werden könnte. Es war niemals meine Absicht gewesen, über das schlechte Benehmen eines Nazis einem anderen Nazi in höherer Stellung Bericht zu erstatten.

Etwa um 10 Uhr morgens bat ich zwei Jungen, mir zu folgen. Obwohl wir offiziell in Schutzhaft waren, gelang es uns, unbeobachtet den Hinterhof des Waisenhauses zu erreichen. Es war wieder einmal ein nebliger Morgen. Das Gras war naß und die schmalen Pfade mit Schlamm bedeckt. Ich hatte eine wichtige Aufgabe vor mir. Während der Aktion am 10. November hatte ich bemerkt, daß die Nazis nicht nur alle Bücher – die meisten religiösen Charakters – aus den Fenstern geworfen hatten, sondern auch die dem Waisenhaus gehörende Torarolle. Diese wollte ich ehrenvoll nach jüdischer Sitte begraben. Kurz, nachdem wir den Hintergarten erreichten, entdeckten wir sie; sie lag, schmutzbedeckt, auf der Erde. Ich erinnere mich noch sehr gut, daß Mandelkerns „Konkordanz" an der gleichen Stelle einen neuen „Ruheplatz" gefunden hatte. Jedoch nicht für lange! Ohne viele Erklärungen holten meine beiden Schüler die Gartengeräte aus dem Schuppen, gruben ein tiefes Loch, um dort die Torarolle zu verbergen. Während sie mit dieser Arbeit beschäftigt waren, stand ich

Wache, damit wir nicht von einem eventuellen „Feind" bei dieser ungesetzlichen Tätigkeit erspäht werden konnten. Wir dankten Gott, daß unser recht gewagter Plan ohne jeden Zwischenfall ausgeführt worden war. Danach kehrten wir wieder zu unserer Halle zurück.

[13. November 1938]
Am Morgen des 13. Novembers, gegen 7 Uhr, kam ein Polizist zu unserem kleinen Internierungslager und forderte mich auf, mit ihm sofort zum Waisenhaus zu kommen. Er erzählte mir, daß seit der offiziellen Attacke am 10. November alle Zimmer des Gebäudes Tag und Nacht bewacht worden seien, um jede Plünderung zu verhindern. Voller Verzweiflung gestand mir der Mann, wie sinnlos es war, Polizisten hier als Wache eingesetzt zu haben. In der vergangenen Nacht sei der Führer der lokalen NSDAP mit zwei Lastwagen zum Waisenhaus gekommen, und SA-Leute hätten alle Sachen und Haushaltsgüter, die die Polizisten bewachen sollten, auf die beiden Fahrzeuge geladen. Bevor sie den Platz verließen, öffnete die Horde gewaltsam den Geldschrank. Dann gingen die Braunen schnell noch in den Keller des Hauses, um dort etwa 40 Weinflaschen, die sie in einer Kiste vorgefunden hatten, zu leeren.

Ich erwiderte dem Polizeioffizier, daß ich noch anerkenne, daß er Vertrauen zu mir habe, obwohl ich doch ein Jude sei und mehr oder weniger unter Arrest bei den gleichen Leuten stände, die er all dieser Missetaten beschuldigte. Außerdem machte ich ihm klar, daß es – traurigerweise – unter den nunmehr gegebenen Zuständen falsch wäre, sich irgendwie zu beschweren. Bei wem sollte man auch Protest einlegen – und gegen wen? Diese Frage möge er, der Polizist, sich selbst stellen und selbst beantworten.

Um 11 Uhr vormittags des gleichen Tages hielt ein Auto vor unserer Halle. Eine elegante Frau stieg aus. Sie hatte verweinte Augen, schrie und stöhnte und rannte zum Eingang unseres Gebäudes. Plötzlich sagte sie mit schreiender Stimmen: *„Mein Mann ist tot! Nachdem er von Gestapoleuten mißhandelt wurde, starb er in einer Gefängniszelle nahe der Grenze!"* Hierauf machte der anwesende Polizeibeamte die leise Bemerkung: *„Sie meinen gestorben worden!"* Die Frau fuhr dann fort, zu bitten, daß ihr Mann hier beerdigt werden dürfte. Sie hoffte, daß dies möglich wäre. Der mir zunächststehende Polizeibeamte konnte keinen Rat geben. Es gelang uns jedoch, die Erlaubnis für eine Bestattung auf dem lokalen jüdischen Friedhof zu erreichen. Allerdings war keinem (Juden) erlaubt, bei der Beerdigung anwesend zu sein.

Ich hatte gehofft, daß mit diesem Zwischenfall die aufregenden Ereignisse des Tages vorüber sein würden. Jedoch, als wir die Mittagsstunden erreicht hatten, konnte ich das unbehagliche Gefühl nicht los werden, daß der Rest des 13. Novembers noch manche Überraschungen für mich aufbewahrt habe. Sie kamen auch am frühen Nachmittag, als der Polizeikommissar in der Halle erschien und mir den Befehl gab, ihm sofort nach dem Waisenhaus zu folgen. Der Ortsführer der Nazipartei wünschte alle Schlüssel des Internats von mir und bestände darauf, daß ich diese ihm persönlich aushändigte. Ich war auf das Schlimmste vorbereitet, spürte die spannende Atmosphäre in meinen Gliedern sowie die Drohungen, welche vielleicht mit meinem Abtransport nach einem Konzentrationslager enden könnten.

Wir gelangten nun zum früheren Speisesaal des Gebäudes. Ungefähr 40 Polizisten, SS- und SA-Männer, alle in Uniform, hatten entlang der Wände des Raumes Aufstellung genommen; die Wand mit den Fenstern war in Richtung des Hinterhofes. Der Leiter des Distrikts, ein früherer Hilfslehrer einer Elementarschule, war ein hagerer Mann mit strengen Gesichtszügen. Als ich etwas näher zu ihm kam, riß er mir den Schlüsselbund aus der rechten Hand und forderte mich auf, den Raum zu verlassen und im Hofe zu warten. Im Hinterhof stand ich nun vor der Wand mit den zerbrochenen Fenstern des Speisesaals. Ich bemerkte auch mit Schock, daß mich aus jeder Ekke von Hof und Haus einige Nazis anstarrten. Ich verlor dagegen weder meine Ruhe noch zitterte ich. Ich muß zugeben, daß ich niemals der heroische Typ war. Obwohl meine Situation fast hoffnungslos erschien, vergaß ich nie, meine eigenen „Waffen" in Anwendung zu bringen. Verbrecher von der Art der Nazis sind in einem gewissen Grade beeindruckt, wenn man keine Furcht zeigt. Es ist immer gut, Fragen, die aus dem Gehirn von rohen und brutalen Menschen kommen, ausreichend, aber ohne Zögern zu beantworten. Selbsterziehung und Kontrolle helfen oft, Furcht zu überwinden. So stand ich nun wartend im Hofe. Der Kreisleiter vom „Niederrhein", am offenen Fenster stehend, richtete zwei Anklagen gegen mich, nämlich daß ich die Torarolle entfernt und mich über die Art meiner Behandlung beschwert hätte. Ich stritt beide Beschuldigungen mit Entschiedenheit ab und erhielt endlich gegen Abend die Erlaubnis, nach der Gastwirtschaft zurückzukehren.

Am Abend gebot mir ein SA-Mann, nach dem Vorderraum des Wirtshauses zu kommen, um Telefonanrufe vom Ausland zu beantworten. Verwandte und Bekannte der Kinder hatten von Holland, Belgien, Berlin, Hamburg, Köln und anderen Plätzen angerufen. Sie wollten alle ausfindig machen, wie es den Kindern ginge und was mit ihnen geschehen wäre. Ein Nazi am Tisch machte durch den Raum laute antisemitische Bemerkungen, wurden aber schnell von einem anderen Mann verwarnt, der ihm sagte, *„daß die Juden gleichfalls Menschen seien – wie sie selbst!"*

[14. November 1938]
Dieser Tag ging ohne Ereignisse oder Zwischenfälle vorbei.

[15. November 1938]
Die Polizei unterrichtete mich, daß die Juden wieder in ihre Häuser oder Wohnungen zurückkehren müßten. Bis 4 Uhr spätestens sollte die Halle geräumt sein, zuvor sei es natürlich die Pflicht der Juden, wieder alles in tadellose Ordnung zu bringen. Dinslakens Sportverein benötigte den Saal für den am Abend stattfindenden Boxkampf. Es wäre mir überlassen, die notwendigen Wohnräume zu finden – eine

Kristallnacht im Dinslakener Waisenhaus

schwere Aufgabe, nachdem die meisten der jüdischen Zimmer zerstört waren. Ich gab meinen Leuten den Rat, daß sie für den Augenblick in Gruppen zusammenleben sollten, und zwar in irgendwelchen Räumlichkeiten, die man noch als bewohnbar betrachten könnte.

Ich selbst „beschlagnahmte" die Villa des obenerwähnten Kriegsteilnehmers (mit dem Eisernen Kreuz Erster Klasse). Ich erfuhr von einem Polizeibeamten, daß diesem eine „Unterkunft" in einem Konzentrationslager angewiesen worden war. Im Inneren dieses einst eleganten Hauses war so ziemlich alles zerstört worden, einschließlich der Küche und des Badezimmers. Durch die Fenster blies ein eisiger Nordwind. Die Fußböden waren mit Schutt bedeckt. Ich bat einige meiner Schüler, zwei Zimmer etwas zu säubern und nach Karton zu suchen, um die Löcher in den Fenstern zu schließen. Unsere Lebensmittelvorräte hatten einen gefährlich niedrigen Stand erreicht. Bevor wir unsere neuen Quartiere bezogen, informierten zwei Nazikreisleiter die Ladeninhaber, an uns nichts zu verkaufen und uns keine Gefälligkeiten zu erweisen. Weiter wurde die Anordnung getroffen, daß der noch in unserem Besitz befindliche „Schund" (einige Töpfe, Säcke mit Lebensmitteln, Kissen, Besen usw.) von den Kindern getragen werden müßte. Beladen mit den letzten Habseligkeiten des Waisenhauses, waren wir wiederum gezwungen, durch Dinslakens Hauptstraße unseren Weg zu nehmen und gerade – wie zu erwarten war – während der Hauptgeschäftszeit. Dies war unser dritter „Judenzug".

In der Zwischenzeit hatte die Polizei den Befehl erhalten, Ihre Leute von der Villa zurückzuziehen. Als die jüngeren Kinder und älteren Mädchen „schliefen", wanderte ich mit den größeren Jungen die ganze Nacht hindurch um das Haus herum. Obwohl ich mir durchaus bewußt war, daß im Notfalle diese Beschützung völlig zwecklos gewesen wäre, gab dieses Wachehalten mir und meinen jungen Helfern eine gewisse moralische Genugtuung. Während wir unsere Runden machten, besprach ich mit meinen Zöglingen unsere nächste Zukunft, das heißt, was wir am kommenden Morgen anfangen sollten. Es war mir klar, daß es unmöglich war, diese Art zu leben noch einen weiteren Tag fortzusetzen. In jenen Tagen waren wir sogar schlechter als die Zigeuner dran. Diese würden die Erlaubnis gehabt haben, Lebensmittel einzukaufen; aber den jüdischen Kindern verwehrten die Nazis dieses Grundrecht. *„Ja, ich muß handeln, ich muß sofort handeln!"* Dieser Gedanke hämmerte immerfort auf mich ein. Dieses Haus, einst eine elegante Villa, war nun kalt, schmutzig, naß und windig. Die zwei Toiletten konnten nicht mehr benutzt werden, ebensowenig die Dusche und die Badewanne. Viele Teile des Geländers des Treppenhauses waren herausgerissen worden. Ein weiterer Aufenthalt – das war meine feste Überzeugung – würde gesundheitlich schädlich und demoralisierend auf die Kinder wirken. Es kam mir der Gedanke, daß – trotz Unruhen und Verwüstung – eine kleine Chance bestehen könnte, daß die Verwaltung der jüdischen Gemeinde in Köln noch tätig wäre. Ich ging zum Dinslakener Postamt und sprach dort mit dem Postdirektor, einem älteren Herrn. Er stellte nicht nur die Telefonverbindung für mich her, sondern drückte auch seine

Verachtung für die Aktion gegen die Juden am 10. November aus sowie für die vielen Untaten, die von dem neuen Regime im Namen der Deutschen Nation begangen worden waren.

Die Person, die noch für die Reste der Jüdische Kommunalverwaltung in Köln verantwortlich war, riet mir, Vorbereitung für die Überführung der Kinder und der verbleibenden Angestellten des Internats nach der rheinischen Metropole zu treffen.

[16. November 1938]

Der nächste Tag war „Buß- und Bettag", ein offizieller „Tag der Reue". Es war ein grauer und regnerischer Tag. Ein Lastwagen brachte die Kinder nach Köln, während ich mit einigen Jungen wartete, bis das leere Fahrzeug von seiner 70 km langen Fahrt wieder zurückgekehrt war. Ich ging dann zum Polizeirevier, um die Behörde von der Abreise der Bewohner des einstigen Jüdischen Waisenhauses nach Köln zu unterrichten. Es entging mir nicht, daß in einer Ecke des Magistratszimmers Kisten mit Silber und sonstigen wertvollen Geräten aus dem Internat standen, die nun hier einen Platz der „Sicherheit" gefunden hatten.

Etwa gegen 6.00 Uhr abends kam der LKW zurück. Mit Hilfe des Kraftfahrers lud ich die wenigen Habseligkeiten auf, die wir mitnehmen durften. Es war ein offenes Kraftfuhrwerk. Ich saß an seinem Ende, von Eimern, Besen, Töpfen und Pfannen umgeben. Ungefähr 8.00 Uhr abends erreichten wir Duisburg. Der Nebel ging langsam in einen feinen Sprühregen über. Dies hielt aber die Menschen nicht ab, Lichtspielhäuser, Konzerte und Cafés zu besuchen. Ich glaubte nicht, daß sie sehr um einen Juden besorgt waren, der, von Besen und Hausgeräten umgeben, aus einer Stadt vertrieben, nun versuchte, einen sicheren Hafen zu erreichen. Allein in dieser Umwelt war ich noch nicht einmal sicher, ob ich überhaupt irgendwo für einige Zeit wenigstens eine Unterkunft finden könnte. Um 1.30 Uhr nachts erreichte unser Lastwagen Köln. Er hielt vor dem Jüdischen Lehrlingsheim in der Agrippastraße. Von hier aus bereitete ich die Auswanderung der Dinslakener Kinder nach Belgien und Holland vor. Es war außerdem meine Aufgabe, als Erzieher der 30 jüdischen Lehrlinge des Heimes zu wirken. Trotz der Tatsache, daß diese Institution am 10. November der Zerstörung entging, waren die Auswirkungen dieses „Schwarzen Tages" in der jüdischen Geschichte auch hier zu fühlen. Viele der jungen Leute, die in ihrer zerstörten Werkstatt nicht arbeiten konnten, fuhren nach ihrer Heimatstadt oder ihrem Dorfe zurück. Sie wollten natürlich ausfindig machen, wie es ihren Familien ergangen war und ob ihre Väter und Brüder in Konzentrationslager gebracht worden waren. Aber schon nach wenigen Tagen kehrten alle Jungen wieder nach Köln zurück, da die Zustände zu Hause noch viel trauriger aussahen. Der Pöbel – so erzählten sie – zeigte in den kleineren Plätzen, woher die Jungen kamen, eine fast sadistische Freude an der Durchführung des Zerstörungswerkes.

Kristallnacht im Dinslakener Waisenhaus

[die Ereignisse nach dem 16. November 1938]
In den ersten zwei Wochen meines Aufenthalts in Köln nutzte ich die Möglichkeit, mein Mittagessen im Hinterhof einer einstigen jüdischen Organisation einzunehmen. Dort stand ein langer hölzerner Tisch mit Bänken. Ohne Geld zu verlangen, teilte eine jüdische Dame, deren Gatte wohl unter Arrest stand, ein sogenanntes Eintopfgericht aus; es war eine heiße Suppe, gedickt mit Graupen und Nudeln. Außerdem empfing jeder Tischgast eine Scheibe Brot. Hier traf man alle Typen von Menschen. Viele waren älter oder solche, die der Razzia der Nazis entgangen waren. Das Hauptgesprächsthema war natürlich die Auswanderung: *„Gehen Sie nach Amerika?"* – *„Was ist Ihre Wartenummer in Stuttgart?"*, Sitz des Amerikanischen Konsulats. Diejenigen, die jetzt in „Freundschaft" zusammensaßen und ihre Suppe löffelten, waren vor kurzer Zeit wahrscheinlich Fremde gewesen. Nun diskutierten sie alle ihre gemeinsamen Interessen – Verhaftung, Auswanderungspapiere (permits, affidavits und sonstige Zertifikate), gute Verbindungen unerlaubte Übertragungen von Geld und Überschreitung der Grenze. Sie sprachen alle mit leiser Stimme, im Wisperton. Alle waren verängstigt und voller Furcht, ob nicht vielleicht ein von Gestapo bezahlter Spitzel zuhörte. Sie wagten nicht, den Namen Hitler zu benutzen und pflegten von „Horowitz" zu sprechen.

In der Zwischenzeit bereitete sich die Stadt Köln auf das große Friedensfest – Weihnachten – vor. Kaufhäuser, Läden und Straßen waren mit Tannenbäumen, elektrischen Kerzen und dem Stern von Bethlehem dekoriert. Aus manchen Ecken schmetterten Lautsprecher bekannte deutsche Weihnachtslieder, wie „Heilige Nacht ...", oder „O Tannenbaum, O Tannenbaum, wie grün sind deine Blätter!". Man sah viele Buden, wo besonders Zuckerwaren und Lebkuchen verkauft wurden. Vor dem großen „Kaufhof" sangen Kinder Weihnachtslieder. Die Stadt war mit Frieden und Liebe erfüllt.

Jeder Jude, der die Erfahrungen des 10. Novembers mit sich schleppte, war sehr realistisch geworden. Sehr bald konnte man bemerken, daß Christentum und Nationalsozialismus eine völlige Harmonie darstellten.

Viele Kaufhäuser zeigten das Bild des Führers neben Szenen von Bethlehem und den Festlichkeiten an diesem heiligen Platze. Girlanden mit Hakenkreuzen und solche mit glitzernden Sternen – Symbole der Brutalität und des Friedens – hingen nebeneinander über den Straßen. Die Bürgersteige waren voller Käufer. Die Mehrzahl der Männer trug graue, schwarze oder braune Uniformen. Die meisten grüßten mit „Heil Hitler", nur selten mit dem einst so familiären „Frohes Fest". Viele Fassaden der verschiedenen Geschäftsviertel blieben in diesem Jahre dunkel. Das waren die Ruinen der jüdischen Geschäfte, die von den Nazis zerstört oder geschlossen worden waren. Über Nacht waren große und kleine Geschäftshäuser in arische Hände übergegangen, was in Übereinstimmung mit der nationalsozialistischen Gesetzgebung war. „Der Stürmer", Deutschlands führendes antisemitisches Wochenblatt, nunmehr eine offizi-

Die Geschichte des Yitzhak Sophoni Herz: Fast 50 Jahre sind vergessen

elle Nazizeitung, stellte in vielen Straßen besondere Plakate aus mit dem Wahlspruch „Die Juden sind unser Unglück!"[53]
Julius Streicher[54], Herausgeber dieses Schmutzblattes und bekannte Persönlichkeit innerhalb der Nazihierarchie, forderte die Deutschen in ungezählten Artikeln auf, die Juden – „diesen Abschaum der Menschheit" – auszurotten. In Ausgaben, die zwischen Weihnachten und der Fastenzeit herausgebracht wurden, erzählte er seinen Lesern, „daß Juden den Brauch hätten, christliche Mädchen zu schlachten und das Blut als „Passahwein" zu benutzen". Ich selbst las eine solche Spezialausgabe des „Stürmers" vor Kölns „Kaufhof", in der man auf der Titelseite eine jüdische Familie um einen Passah-Seder-Tisch sitzen sah. Über einem Glas, gefüllt mit rotem „Wein", konnte man lesen: „Deutsche, das ist kein roter Wein; es ist das Blut von einem kleinen deutschen Kind, das von einem Juden geschlachtet wurde!" In der gleichen Woche, im Februar 1939, brachten kölnische Zeitungen mit großen Überschriften die Meldung: „Kleines Kind vor dem Kaufhof verschwunden!" Angstwellen gingen durch die Wohnung der Juden, die noch in der Stadt verblieben waren. Furcht und Unsicherheit verfolgten jene Juden, denen es bisher gelungen war, einer Verschickung nach den Konzentrationslagern zu entgehen. Als eine kurze Zeit später der Säugling wohl und gesund aufgefunden wurde, war ein Seufzer der Erleichterung unter den besorgten Juden vernehmbar.

Trotz all dieser Zwischenfälle nahm irgendwie unser tägliches Leben seinen Fortgang. Die Leiterin des Lehrlingsheimes, Frau Friedel Rein-Tau, eine besonders fähige und tapfere Frau, organisierte mit mir einen Arbeitsplan für die Institution, der mehr den neuen Verhältnissen entsprechend ausgerichtet war. Außer den Versuchen, mir wieder in einer deutschen Stadt ein Arbeitsfeld zu schaffen, mühte ich mich mit den Nazibürokraten ab, die Auswanderung meiner einstigen Zöglinge von Dinslaken durchzusetzen. Es erübrigt sich hier, einen detaillierten Bericht über die Behandlung von Juden bei den unfehlbaren Behördenstellen der Dritten Reiches zu geben.

Juden, die das Deutsche Reich verlassen wollten, hatten unendlich viele Antragsformulare auszufüllen. Man mußte sehr oft an die Behörden schreiben und viele Amtsstellen aufsuchen. Bezüglich der nach dem Ausland mitzunehmenden Gegenstände, gab es genaue Instruktionen. Jedes Gepäckstück mußte innen mit einer ge-

---

[53] Anm. des Vf.: Dieser „berühmt-berüchtigte" Ausspruch stammt von dem Historiker Heinrich von Treitschke (1834 – 1896). Treitschke war Mitglied des Deutschen Reichstages und ab 1886 Historiograph des preußischen Staates. Er war Antisemit, Gegner des Sozialismus und Vertreter einer konsequenten Machtpolitik.
[54] Als besonders antijüdische Hetzzeitschrift kam die von Julius Streicher (1885 - 1946) herausgegebene Wochenzeitschrift "Der Stürmer - Deutsches Wochenblatt zum Kampfe um die Wahrheit" zu zweifelhaftem Ruhm. Mit seinen barbarischen Hetztiraden gegen die Juden trug "Der Stürmer" (als NS-Propaganda-Zeitschrift) wesentlich zur Schaffung eines jüdischen Feindbildes bei. Siehe hierzu auch: Friedländer 1998; Fromm 1974; Gay 1986, S. 31 - 43; Gruchmann 1983, S. 418 - 442.

nauen Liste versehen sein, die alle im Koffer befindlichen Gegenstände erwähnte. Diese Instruktion galt für alle Auswanderer, ob Erwachsene oder Kinder.

Es war die Pflicht eines jeden jüdischen Angestellten oder ehemaligen Angestellten, der seine Auswanderung vorbereitete, den Behörden alle Beweisstücke vorzulegen, daß er seine gesamten Steuern entrichtet hatte. Alle auszufüllenden Formulare mußten dann an das Polizeirevier, zu dem der Emigrant gehörte, gesandt werden. Als nächstes brauchte man von einem jüdischen Arzt ein Gesundheitszeugnis. Einem Juden war es nur gestattet, einen jüdischen Doktor aufzusuchen, der von der nationalsozialistischen Behörde zugelassen war. Der Stempel des Arztes mußte klar sichtbar machen, daß er das Wort „Israel" seinem Vornamen zugefügt hatte. Nur in Fällen, wo ein Jude einen typischen jüdischen Vornamen wie – zum Beispiel – Isaak hatte, konnte das Wort Israel weggelassen werden. Alle jüdischen Frauen und Mädchen waren gezwungen, Ihrem Vornamen das Wort „Sarah" zuzufügen. Weiterhin mußte der Stempel des Arztes deutlich den jüdischen Stern zeigen und den Satz: „Zur ärztlichen Behandlung ausschließlich von Juden berechtigt!".

Der Leser wäre im Irrtum, falls er vermutete, daß diese vier Formulare nun genügten, den amtlichen Deutschen Paß zu empfangen. Jeder Jude mußte im Besitz einer sogenannten „Kennkarte" sein, die mit einem groß eingedruckten „J" unmißverständlich verriet, ein Jude oder Jüdin war. In der oberen rechten Ecke dieses Spezialausweises war ein Abdruck der Indexfinger. Jede Karte trug eine Nummer. Sogar kleine Kinder waren verpflichtet, diesen Judenausweis mit sich zu führen. Überall war man vom Schatten der Geheimen Staatspolizei (Gestapo) verfolgt. Bevor man Deutschland verließ, war es Pflicht, die Kennkarte der Polizei wieder auszuhändigen. Ich brachte es jedoch fertig, diesen Judenausweis zu behalten und als letztes politisches Souvenir vom Dritten Reich nach dem Ausland mitzunehmen.

Es wäre jedoch falsch zu glauben, daß alle Beamten sich den Juden gegenüber grob oder unverschämt benahmen. Es ist nur gerecht, wenn ich mich auch der guten Erfahrungen erinnere und darüber berichte.

Ich werde zum Beispiel nie den Büroangestellten in Uniform vergessen, der die Auswanderungsformulare für meine Waisenkinder ausstellen mußte. Er war, zu meiner größten Überraschung, äußerst freimütig in seinen Äußerungen über die Zustände unter dem neuen System und vertraute mir an, daß – falls er könnte – auch [er] gerne Deutschland verlassen würde. *„Vergessen Sie nicht"*, so fuhr er fort, *„Krieg kann jeden Tag ausbrechen – und denken Sie wirklich, daß Belgien, Holland und Frankreich und England sicher sein werden? Hitlers Ziel ist die Eroberung von ganz Europa."* Sprach er nicht die Wahrheit?

Die jüdische Verwaltung in Köln legte alle Transportvorbereitungen für die Kinder nach Holland und Belgien in meine Hände. Es nahm etwa neun Wochen in Anspruch, die Kinder durch die „Maschine" der nationalsozialistischen Verwaltung durchzubringen.

Die Geschichte des Yitzhak Sophoni Herz: Fast 50 Jahre sind vergessen

An einem frühen Morgen im Februar 1939 marschierte ich mit den Kindern zu Kölns Neumarkt, wo etwa sechs Straßenbahnwagen warteten, um uns zum Hauptbahnhof zu befördern. Jeder Wagen hatte vorne ein Plakat mit der Inschrift „Judentransport". Die Dinslakener waren nicht die einzigen, die für diesen Exodus vorgesehen waren. Da waren viele Jungen und Mädchen bis zum sechzehnten Lebensjahre, die unserer Gruppe zugeteilt wurden. Die meisten kamen aus rheinischen Bezirken. Wie man erwarten konnte, waren die Bürgersteige um den „Markt" herum mit neugierigem Publikum gefüllt.

Der von Berlin kommende Expreßzug war inzwischen eingefahren, vollbepackt mit jüdischen Kindern. Unter ihnen bemerkte ich sogar einige Jungen mit der eingebrannten Nummer eines Konzentrationslagers. Es war nicht nötig, mir zu erzählen, wo sie herkamen. Ihre Haare waren noch kurz geschoren, und sie waren außerordentlich scheu. Sie ließen sich in keine Gespräche ein und vermieden jeden Kontakt mit anderen. In den Laufgängen des Zuges standen viele SA-Leute, die die Funktion einer Eskorte hatten. Sie ordneten an, daß alle Koffer in tadelloser Ordnung im Gepäcknetz arrangiert wurden. Eine halbe Stunde bevor wir Emmerich/Rhein (die deutsche Grenze) erreichten, informierte mich einer der SA-Männer: *„Aufs Geratewohl werde ich Koffer der Kinder heraussuchen. Sie werden sie herunternehmen und öffnen. Meine Aufgabe wird es sein, zu untersuchen und ausfindig zu machen, ob die Liste mit dem Inhalt hundertprozentig übereinstimmt. VERSTANDEN!"*. In jedem Abteil wurden zwei oder drei Koffer geöffnet. Bevor ich den Zug an der Grenze verließ, sprach mich ein Eisenbahnbeamter mit dem Hakenkreuz dekoriert an. Er erzählte mir, daß er mich von Köln her kenne. Wir mußten nun gemeinsam den Zug verlassen, um wieder nach Köln zurückzufahren. Während wir zum anderen Bahnsteig wanderten, flüsterte mir der deutsche Beamte ins Ohr: *„ Wie Sie wissen, bin ich ein Freund der Juden. Ich bekomme immer von Ihren Leuten 2 Mark. Ich nehme an, Sie, mein Herr, werden keine Ausnahme machen"*. Ohne viel Wesens gab ich ihm meinen Beitrag für seinen Dienst.

Meine berufliche Arbeit im Lehrlingsheim war schwerer, zäher und komplizierter, als ich es mir vorgestellt hatte. Meine Kollegin und ich ließen nichts unversucht, eine gewisse Wärme in das Heim unter den neuen Verhältnissen hereinzubringen, und zwar durch Musik, kleine Vorträge, Diskussionen, Spiele usw. Leider waren die Folgen des 10. Novembers [1938] zu stark, um eine heimische Atmosphäre wiederherzustellen. Brüder und Väter waren noch verhaftet, die Familien ihrer finanziellen Mittel beraubt und das Damoklesschwert weiterer Nazibedrohungen hing immer über den jüdischen Köpfen. Besonders fürchtete man den kleinen Parteifunktionär, der nunmehr für einen ganzen Wohnbezirk die Verantwortung übernahm. Die Zukunft sah in der Tat düster und hoffnungslos aus, außer wenn man das Glück hatte, mit einer Einreiseerlaubnis (permit) rechnen zu können. Bis ein solcher Zeitpunkt kam, war – wie angedeutet – das Leben für Juden unerträglich. Sie waren jede Stunde des Tages voller Furcht.

Kristallnacht im Dinslakener Waisenhaus

An einem Freitagnachmittag (Mai 1939) beehrte mich ein Parteifunktionär mit seinem Besuch. Der Mann erinnerte mich an den Briefträger und späteren Unteroffizier „Himmelstoß", der vielen Lesern in Erich Maria Remarques „Im Westen nichts Neues" begegnet sein dürfte. Der Nazi erklärte den Zweck seines Besuches:

„Die Nachbarn beschweren sich, daß Ihre Jugendlichen ein sehr schlechtes Benehmen auf der Straße zeigen. Beschwerdebriefe dieser Art finden gewöhnlich ihren Weg in meinem Papierkorb. Aber dieses Mal bin ich doch gezwungen, mich mit einer sehr ernsten und äußerst unangenehmen Sache zu befassen. Es wurde mir mitgeteilt, daß – zur Empörung vieler Bürger – zehn Ihrer Schüler halbnackt durch die Straßen gelaufen seien. Plötzlich pfiff einer Ihrer Schutzbefohlenen – und die Jünglinge kehrten schnell zu ihrem Heim zurück. Ich, der die politische Verantwortung für diesen Bezirk trägt, kann Ihnen nur sagen, daß – falls dies nochmals geschehen sollte – nämlich die Übertretung der Gesetze des Dritten Reiches durch Juden, das Lehrlingsheim sofort geschlossen werden wird. Sehen Sie ja nicht in meiner Güte ein Zeichen von Schwäche. Jedoch für diese letzte Übertretung will ich noch keine Schritte gegen Sie unternehmen."

Ich versicherte dem Repräsentanten der Partei, daß ich wohl seine Autorität aufs höchste respektierte, daß jedoch die Beschwerden nicht der Wahrheit entsprachen. Dabei fügte ich noch hinzu, daß Menschen, die immer unter Angst leben, wie es jetzt mit den Juden der Fall wäre, nur ein Interesse hätten, eine weitere Verschlechterung ihrer Lage unbedingt zu vermeiden. In diesem Augenblick zeigte sich der mächtige Nazi freundlicher und ließ sich sogar in eine Unterhaltung ein., die länger als eine Stunde währte. Er versicherte mir, daß er einige der Gewalttaten seiner Parteifreunde gänzlich verurteilte und bemerkte besonders, daß solche Brutalitäten, obwohl sie ungesetzlich seien und gegen die Prinzipien der Partei verstießen – gelegentlich geschehen seien. Er fügte anschließend hinzu: *„Was auch vorgegangen sein möge, ich wünsche es klarzumachen, daß Menschen Ihrer Art nichts geschehen werde und daß Sie, Herr Erzieher, falls Sie wünschen, jederzeit nach Deutschland zurückkehren können"* Ich hatte in der Zwischenzeit mein Permit für England erhalten und ein Ausreisevisum beantragt). Schließlich erzählte mir der Parteibeamte:

„Etwa Ende August werde ich nach Palästina reisen, natürlich als Beauftragter der Nationalsozialistischen Deutschen Arbeiterpartei, um dort das Leben von Juden und Arabern zu studieren, die schrecklich von den Engländern unterdrückt werden. Jedoch bevor ich jetzt weggehe, würde ich gerne die Zimmer des Lehrlingsheimes sehen. Ich hoffe, Sie haben immer genügend Lebensmittel!"

Die Geschichte des Yitzhak Sophoni Herz: Fast 50 Jahre sind vergessen

Als wir unseren Rundgang machten, nahm der Mann die Gelegenheit wahr, mit einigen Jungen, die in ihren Zimmern saßen, ins Gespräch zu kommen. Dann verabschiedete er sich mit der Versicherung, daß es keinen Grund gebe, in Angst zu leben, zumal er mit der Organisation und den sanitären Verhältnissen des Internats sehr zufrieden gewesen sei. Tatsächlich ließ man uns nach diesem Besuche des Parteiführers unbehelligt. Ich war überzeugt, daß wir das Opfer einer Denunziation waren, und ich verdächtigte den Pförtner unseres Hauses, Cornelius. Es war ein kleiner und hagerer Mann, immer glattrasiert. Seine Schirmmütze bedeckte fast völlig seine Stirne. Man sah ihn nur selten ohne seine große braune Aktentasche durch die Straßen gehen. Er war der Luftschutzwart des Bezirks und wartete auf jede Gelegenheit, mich zu treffen und Probleme technischer Art mit mir zu besprechen – alles natürlich im Zusammenhang mit einem möglichen Luftangriff. Gleich dem bereits geschilderten Nazibeamten war Cornelius der typische deutsche Kleinbürger. Auch er vertraute mir an, wie sehr er das „braune Volk" haßte; dann versuchte er, mir die letzten Witze über Adolf Hitler zu erzählen. Seine Frau – daran zweifelte ich keine Minute – nahm das neue Regierungssystem viel ernster. Eines Morgens schrie sie durch das Treppenhaus: *„.... falls Du (ihr Ehemann) nichts unternimmst, dann werde ich diese Juden loswerden! Ich werde sie hinausschmeißen!"* – Am nächsten Morgen, als ich den Herrn Hausmeister traf, hatte ich eine freundliche Unterhaltung mit ihm und drückte ihm dabei eine Banknote in die Hand. Von diesem Tage an grüßte Frau Hausmeister Cornelius die Juden des Lehrlingsheimes wieder mit einem Lächeln. Diese kleinen Zwischenfälle soll man unter keinen Umständen als unwichtig abtun. Solche Leute machen sich nämlich keine Gewissensbisse daraus, Juden wegen der geringfügigsten Dinge bei der Behörde zu melden, und zwar in der Hoffnung, dadurch innerhalb der Parteihierarchie befördert zu werden.

Schließlich kam meine Zeit, Deutschland zu verlassen. Durch einen unerwarteten Glücksfall erhielt ich meine Einreiseerlaubnis nach England, unterstützt von der Jüdischen Gemeinde in Belfast. Bevor ich Deutschland verließ, besuchte ich noch einmal Bad Homburg, um von meinen Eltern Abschied zu nehmen. Ich bemerkte mit Kummer, daß durch den Pogrom vom 10. November meine Eltern sehr gealtert waren. Ihre schönen Zimmer, wo so viele Menschen ihre Gastfreundschaft genossen hatten, waren zerstört. Mein Vater und meine Mutter schliefen auf dem Fußboden in der Ekke eines Mansardenzimmers. Und doch, trotz aller schweren Prüfungen war ihre religiöse Stärke – mein Vater war der letzte geistige Führer von Homburgs mehr als 600 Jahre alten KEHILLAH[55] – keineswegs erschüttert. Sie fanden sich mit dem Schicksal heldenhaft ab, wie so viele andere, die wußten, daß sie einem grausamen und brutalen Ende zugingen. In einem Zimmer fand gerade ein MINYAN (Gottesdienst) statt. Ich zählte etwa 20 Männer; fast alle hatten rasierte Köpfe, ein Zeichen, daß sie aus einem Konzentrationslager gekommen waren. Ich fühlte mich etwas verlegen,

---

[55] *Kehillah*; Bezeichnung für eine jüdische Gemeinde, die aus mindestens zehn erwachsenen Männern (mit Familienangehörigen) besteht.

sogar „schuldig", als sie bemerkten, daß ich dem KZ entgangen war. Mein langes Haar war für sie der beste Beweis, daß ich „freigeblieben" war. Einer von diesen Leuten sagte mir ohne Zögern ins Gesicht: *„Ah, da kommt ja der Drückeberger!"* Wie sollte ich Ihnen erklären, daß es sinnlos gewesen wäre, meine Solidarität dadurch zu zeigen, daß ich freiwillig ins Konzentrationslager ging.

Ich hielt mich in Homburg nur einen Tag auf. Da war eine letzte Umarmung meiner Mutter, letzte Küsse für diese wundervolle Frau – und dann mußte ich mich trennen. Mein Vater begleitete mich zum Bahnhof. Als wir gemeinsam unseren Weg nahmen, winkte meine teure Mutter mir noch vom Balkon aus zu, bis ich außer Sicht war.

Als ich an der Bahnstation zum letzten Mal meinem Vater „Auf Wiedersehen" sagte, gab er mir das „TEFILLAT HADERECH (Gebet für die Reise), welches er aus seinem kleinen Gebetbuch herausriß.

Ich sah meinen Vater und meine Mutter nie wieder. Mein Herz war sorgenerfüllt von dem Gedanken an alle Juden, die ich hinter mir lassen mußte. Es ließ mich nicht zur Ruhe kommen, als ich mit dem Köln-Expreß der holländischen Grenze, der Freiheit entgegenreiste. Ich erreichte Holland am 20. Juli 1939.

Hier endet das Kapitel.

4. Glossar

> Denken und Wissen sollten immer
> gleichen Schritt halten.
> Das Wissen bleibt sonst tot und unfruchtbar.
> (Wilhelm von Humboldt – Briefe an eine Freundin)

Antisemitismus

Hier verweisen wir auf den **Exkurs** (Seiten 33 bis 36)

Faschismus

Faschismus (ital. fascio = Bund), eine antidemokratische und streng nationalistische Herrschaftsordnung.

Unter Führung von Benito Mussolini (Duce del Fascismo [Führer des Faschismus]) entstand die faschistische Bewegung in Italien. Mit dem „Marsch auf Rom" am 28. Oktober 1922 riß Mussolini die Macht an sich. Die Achse „Berlin – Rom" wurde durch ein zunächst geheimes Kooperationsabkommen (21.10.1936) zwischen dem Deutschen Reich und Italien vertraglich besiegelt.

Kennzeichnend für faschistische Systeme sind: die Ablehnung demokratischer Gesellschaftsstrukturen (Demokratie, Parlamentarismus), das autoritäre Führerprinzip, der streng hierarchische Aufbau der Parteiorganisation, ein extremer Nationalismus und Antikommunismus, antisemitisches, rassistisches und feindseliges Gedankengut (Unterdrückung von ethnischen und sozialen Minderheiten, Fremdenfeindlichkeit).

Hitlerjugend

Zu Beginn der 20er Jahre wurden durch Initiative einzelner NSDAP-Parteimitglieder, vor allem durch Kurt Gruber, nationalsozialistisch ausgerichtete Jugendgruppen gegründet. Unter dem Namen *„Jungsturm Adolf Hitler"* gründete sich die Jugendorganisation der NSDAP bereits 1922. Im Jahre 1926 kam es auf Betreiben Grubers zu einem Zusammenschluß diverser Jugendgruppen, die nunmehr den Namen *„Großdeutsche-Jugendbewegung"* annahmen. Auf dem 1. Parteitag der NSDAP im Juli 1926 wurde diese von Gruber geführte Jugendorganisation offiziell als „Jugendinstitution" von der NSDAP anerkannt und gleichzeitig in *„Hitler Jugend - Bund Deutscher Arbeiterjugend"* umbenannt. Unter gleichzeitiger Berufung zum NSDAP-Referenten für Jugendfragen wurde Gruber zum Reichsführer der Jugendorganisation bestellt. Organisatorisch wurde die *„Hitler Jugend"* der SA angegliedert, die Füh-

Glossar

rung der HJ (somit Gruber) war der SA-Führung unterstellt. Alle Jugendlichen der HJ wurden per Erlaß (1927) dazu verpflichtet, nach Vollendung ihres 18. Lebensjahres in die SA einzutreten.

Die Schülergruppen der NSDAP wurden im Jahre 1929 unter der Leitung von Adrian von Renteln zusammengefaßt; den Nationalsozialistischen Studentenbund führte ab 1928 Baldur Benedikt von Schirach (1907 – 1974). Etwa zur gleichen Zeit entstanden nationalsozialistisch orientierte Mädchengruppen, die sog. *„Schwesternschaften"*, die sich im Juli 1930 zum *„Bund Deutscher Mädel"* vereinigten, der ab 1932 einzigen NS-Mädchenorganisation.

Der unter österreichischen Einflüssen zustande gekommene *„Bund Deutsches Jungvolk"* wurde am 27. März 1931 der HJ angegliedert. Nach dem Rücktritt Grubers ernannte Adolf Hitler am 30. Oktober 1931 Baldur von Schirach zum „Reichsjugendführer der NSDAP" (ab Juni 1933: „Jugendführer des Deutschen Reiches"). Innerhalb der Organisation der SA war Schirach nunmehr für alle NS-Jugendverbände (NS-Schülerbund, NS-Studentenbund, Hitlerjugend) zuständig. Im Mai 1932 – die SA war durch die amtierende Reichsregierung zwischenzeitlich verboten worden – hob Hitler die organisatorische Unterstellung der HJ zur SA auf.

Das „Gesetz über die Hitlerjugend" wurde am 1. Dezember 1936 verkündet. Die HJ unter Führung von von Schirach erhielt den Status einer oberen Reichsbehörde mit Sitz in der Reichshauptstadt; sie war Hitler direkt unterstellt. Mit Hilfe dieses „Gesetzes" wurde die Gleich- bzw. Ausschaltung aller anderen Jugendorganisationen formaljuristisch eingeleitet. Im Zuge dieser „Gleichschaltung[56]" von Staat, Partei und Volk erwuchs die Hitlerjugend zur einzigen, allumfassenden Jugendorganisation des Dritten Reiches. Die Durchführungsbestimmungen zu diesem Gesetz wurden erst am 25. März 1939 erlassen. In der zweiten Durchführungsverordnung zum Gesetz wurde die Pflichtmitgliedschaft (verbunden mit einer Dienstpflicht beginnend mit der Vollendung des 10. Lebensjahres) der Jugendlichen in der HJ festgeschrieben. Mit dem „Gesetz über die Hitlerjugend" sicherten sich die Nationalsozialisten eine Monopolstellung bei der pädagogischen und politischen Vereinnahmung der deutschen Jugend. Hatten zu Ende des Jahres 1932 die konkurrierenden Jugendverbände (z.B. Sportjugendverbände: rd. 2 Mio.; Katholische Jugendverbände: rd. 1 Mio.; Evangeli-

---

[56] Unter „Gleichschaltung" verstehen wir einen Prozeß, der mit undemokratischen und Mitteln durch die Nationalsozialisten in Gang gesetzt wurde und der letztendlich zur „befohlenen" Ausrichtung von Volk, Staat und Gesellschaft auf die „ideologische" Zielsetzung des Nationalsozialismus führte. Im Sinn der nationalsozialistischen „Werteordnung" sollte das NS-Reich eine Einheit bilden – politisch, gesellschaftlich und rassisch. Diese von den Nationalsozialisten insbesondere in den Jahren 1933 – 1935 durchgeführten Aktionen, bewirkten die Beseitigung der individuellen Freiheiten, z.B. durch die Aufhebung der Gewaltenteilung in Verbindung mit der „Aufweichung" bzw. Beseitigung der allgemeinen Grund- und Bürgerrechte. In seinem bekannten Buch „Gesellschaft und Demokratie in Deutschland" schreibt dazu Ralf Dahrendorf: „[...] Die Menschen werden dabei aus überlieferten, eigenen, oft besonders engen und intimen Bindungen herausgelöst und einander gleichgemacht" (ebd., 1965, S. 436). Siehe hierzu auch: Steinbach 1983, S. 199 ff.

Vergessen kann man es nie.....

sche Jugendverbände rd. 0,6 Mio.) recht ansehnliche Mitgliedszahlen zu verzeichnen, kam die HJ nicht einmal auf rd. 0,1 Mio. Mitglieder. Mit der nationalsozialistischen Machtübernahme änderte sich jedoch das Verhältnis rasch. Ende 1934 meldete die HJ einen Mitgliederbestand von rd. 3,5 Millionen Jugendlichen (Klönne 1993, S. 223). Zum Thema „Jugendorganisationen im Dritten Reich" siehe hierzu auch: Bürkner 1937; Hellfeld/Klönne 1987; Kaufmann 1997; Klönne 1995; H.W. Koch 1975; Patzwall 1988; Rüdiger 1997, Schubert-Weller 1993.

Welche Priorität die NSDAP-Führung der deutschen Jugend zumaß und wie *Hitler* sich den „Weg" der deutschen Jugend vorstellte, läßt sich aus seiner bekannten Rede, die er am 4. September 1938 in Reichenberg (Sudetenland) während einer Wahlkundgebung hielt, folgern.

Hitler: *„Diese Jugend, die lernt ja nichts anderes als deutsch denken, deutsch handeln. Und wenn nun dieser Knabe und dieses Mädchen mit ihren 10 Jahren in unsere Organisation hineinkommen und dort nun so oft zum erstenmal überhaupt eine frische Luft bekommen und fühlen, dann kommen sie vier Jahre später vom Jungvolk in die Hitlerjugend, und dort behalten wir sie wieder vier Jahre, und dann geben wir sie erst recht nicht zurück in die Hände unserer alten Klassen- und Standeserzeuger, sondern dann nehmen wir sie sofort mit in die Partei oder in die Arbeitsfront, in die SA oder in die SS, in das NSKK und so weiter. Und wenn sie dort zwei Jahre oder anderthalb Jahre sind und noch nicht ganz Nationalsozialisten geworden sein sollten, dann kommen sie in den Arbeitsdienst und werden dort wieder sechs oder sieben Monate geschliffen, alle mit einem Symbol, dem deutschen Spaten. Und was dann, nach sechs oder sieben Monaten noch an Klassenbewußtsein oder Standesdünkel da oder da noch vorhanden sein sollte, das übernimmt dann die Wehrmacht zur weiteren Behandlung auf zwei Jahre. Und wenn sie dann, nach zwei oder drei oder vier Jahren zurückkehren, dann nehmen wir sie, damit sie auf keinen Fall rückfällig werden, sofort wieder in SA, SS und so weiter. Und sie werden nicht mehr frei, ihr ganzes Leben"* (Unterstreichung durch den Vf., abgedruckt in: Ursachen und Folgen, Bd. XI, Berlin [o.J.], S. 138 ff., zitiert nach Kohrs 1983, S. 12).

Mit dieser staatlich organisierten und beabsichtigten Disziplinierung verbunden mit einer strengen programmatischen Ausrichtung auf den Nationalsozialismus, war der Weg der deutschen Jugend in eine unfreie und bevormundete „Staatsjugend" mit den bekannten Folgen (Jugenddienstpflicht [Land- und Ernteeinsatz], Verschärfung des Jugendstrafrechts [Jugend-KZ], Einsatz in hauswirtschaftlichen, gesundheitlichen und sozialen Hilfsdiensten, vormilitärische Übungen, HJ-Streifendienst, Kriegsein-

Glossar

satz als Flakhelfer, Nachrichtenhelfer, Meldegänger, Einsatz und im sog. Volkssturm, Rekrutierung für die 12. Panzerdivision Hitler-Jugend etc.) vorgezeichnet. Die HJ war streng hierarchisch organisiert und zergliederte sich in 4 Untergruppen, und zwar: 1. Das Deutsche Jungvolk ([DJ] 10- bis 14jährige Jungen), 2. die Hitlerjugend (14- bis 18jährige Jungen), 3. die Jungmädel ([JM] 10- bis 14jährige Mädchen] und 4. der Bund Deutscher Mädel ([BDM] 14- bis 21jährige Mädchen]. Siehe hierzu auch: Dettelbacher 1984, S. 117 - 127; Klönne 1993, S. 224 - 227; von Schirach 1967; Wortmann 1989, S. 246 - 257. Diese nationalsozialistische Jugendorganisation „übernahm" neben den Institutionen der Familie und der Schule wesentliche und im Sinne des nationalsozialistischen „Erziehungsprofils" eine nicht zu unterschätzende völkisch-orientierte (eine auf rassenideologisches Gedankengut ausgerichtete) Sozialisationsfunktion.

Ideologie

Ideologie (gr., franz., die Lehre von den Ideen). Die Jahrhunderte alte Kontroverse zwischen den Ansprüchen (und Aussagen) der Wissenschaft und denen der Ideologie ist auch heute noch allgegenwärtig. Der Begriff der Ideologie[57], der in seiner Bedeutung auch heute noch oft mißverstanden und somit mißgedeutet wird, bedarf daher einer sorgfältigen Elaboration. Sein Begriffsinhalt ist in den letzten Jahrhunderten erheblichen definitorischen Anpassungen unterlegen. Abhängig vom Zeitgeist, der von den jeweiligen religiös-philosophischen Strömungen, von den politischökonomischen Gegebenheiten sowie von den technologisch-informatorischen Erkenntnissen geprägt wurde, änderte sich auch das Ideologieverständnis. Bereits *Francis Bacon*[58] *(Baron von Verulam* [1561 - 1626]), der Wissenschaft zugeneigt, behandelte systematisch das zu Beginn des 17. Jahrhunderts auftauchende Ideologieproblem. *Bacon* erkannte, daß das Denken und Handeln der Menschen von den Meinungen der „Idole" beeinflußt und damit ideologiebehaftet sei. Der Ideologie ist nur mit der Vernunft, dem wissenschaftlichen Denken entgegenzutreten. Bacons Sozialphilosophie ist technisch orientiert. Mit der (anwendbaren) Technik soll die Natur nutzbar gemacht werden (Utilitätshypothese), so daß dadurch - bedingt durch ihre Beherrschung - die Wünsche und Bedürfnisse der Menschen und auch die daraus resultierenden sozialen Probleme gelöst seien. Insofern hat die von *Bacon* entwickelte Sozialphilosophie keine ethisch sozialrevolutionäre Ausgestaltung erfahren – sie stellt

---

[57] Zur historischen Entwicklung und Begriffsbestimmung siehe hierzu auch: Barth 1961; K. Lenk (Hrsg.) 1984; Lieber 1985; Luhmann 1984, S. 54 - 65; Lutz 1988, S. 15 - 27; Meja/Stehr (Hrsg.) 1982; Pelinka (Hrsg.) 1981.
[58] Seine Hauptwerke sind: „The essays or counsels, civil and moral" (1597); „In Advancement of learning" (Rede 1605 in London); „Novum organum scientiarum" (1620); „De dignitate et augmentis scientiarum" (1623); „Nova Atlantis" (1627); „Maxims of the law" (1630). Zu Bacon siehe hierzu auch: Tofahrn 1998, S. 331 f..

Vergessen kann man es nie.....

vielmehr eine empiristisch ausgeprägte Naturauffassung dar, wobei. Wissen und Erkenntnis – im Gegensatz zur Ideologie – hier nicht mehr als „Selbstzweck" fungieren, sondern Mittel zum Zweck, der Zielerreichung, darstellen. Der Begriff „Ideologie" geht auf *Destutt. deTracy* (1754 - 1836) zurück. In Weiterentwicklung des von *John Locke* streng formulierten Sensualismus (*"Nichts ist im Verstand, was nicht vorher in den Sinnen war"*) entwickelte *Destutt deTracy* die Lehre der Ideen (Ideologie). Mit seiner Lehre der Vorstellungstätigkeit (Hauptwerk [HW.]: Eléments de L'idéologie, 5 Bde., 1801 - 1815) verbreitete *deTracy*[59] praktische Regeln zur Erziehung, Recht und Staat. Auf eine weitere historische Betrachtung zur Entwicklungsgeschichte des Ideologiebegriffes und den damit korrespondierenden politisch-soziologisch strukturierten Auffassungen zum Ideologieverständnis (Denkrichtungen: Aufklärungsphilosophie, Marx'sche Ideologiekritik; Neopositivismus, Kritische Theorie) wollen wir an dieser Stelle verzichten. Festzuhalten bleibt, daß Ideologie und Wissenschaft gegensätzlicher Natur sind und nicht zusammenpassen. Gerade das Gegenteil ist der Fall, sie schließen einander aus. Die Ideologie ist der Feind der Wahrheit und damit auch der der Wissenschaft. Aus diesem Blickwinkel betrachtet verstehen wir unter Ideologie

> „*ein System von Anschauungen, Kategorien und Begriffen (Dogma), das sich jeder empirischen Überprüfung und Kritik entzieht, dabei einen absoluten Anspruch auf die Wahrheit erhebt, und das der Durchsetzung und Legitimation von Machtansprüchen und Zielen bestimmter gesellschaftlicher Gruppen dient*" (Voigt 1992, S. 36).

Judaismus

Judaismus (hebr.), die jüdische Religion, das Judentum betreffend. Judaistik bezeichnet die wissenschaftliche Auseinandersetzung mit der jüdischen Geschichte und Kultur. Die religiösen Hauptströmungen des Judentums der Gegenwart sind: das *Reformjudentum* (entstand vor Beginn des 19. Jahrhunderts in Westeuropa, Zielsetzung: Anpassung der Juden an die westliche Kultur, keine Abgrenzung gegenüber Nichtjuden); das *konservative Judentum* (entstand Mitte des 19. Jahrhunderts in Deutschland und den USA als „religiöse Mischung" zwischen der Orthodoxie und dem Reformjudentum, Zielsetzung: trotz Bewahrung der traditionellen jüdischen Bräuche erfolgt eine Anpassung an die „modernen" Lebensumstände mit der Neigung zum aufklärerischen Rationalismus) und das *orthodoxe Judentum* (steht auf dem Boden der he-

---

[59] Siehe hierzu auch: „Commentaire sur l'esprit des lois de Montesquieu" (1817).

Glossar

bräischen Bibel, Ablehnung von Aufklärung, Assimilation und Emanzipation, erwartet die peinliche Einhaltung der Gebote und glaubt, daß der Messias erscheinen und Israel ein goldenes Zeitalter bescheren wird).

Kultur

Kultur bedeutet einerseits das aktive Handeln des Menschen, seine Fähigkeit zur permanenten Anpassung, Veränderung und Neugestaltung sowie sein eigenes Verhalten zu ändern; andererseits bedeutet Kultur auch alles, was aus diesem Handeln hervorging und hervorgeht, also die materiellen und immateriellen Produkte dieses Verhaltens. Kultur umfaßt damit sämtliche Objektivation menschlichen Handelns und Denkens: also alle durch den Menschen geprägte Wert- und Leitvorstellungen, Lebensformen und Lebensverhältnisse in einer historisch und regional abgrenzbaren Größe.

Liberalismus

Liberalismus (lat. liberalis, die Freiheit betreffend, freiheitlich, freigiebig). Eine geistig-politische Bewegung, die im 18. Jahrhundert entstand und die sich gegen absolutistische Herrschaftsansprüche wandte. Das wirtschaftlich erstarkte Bürgertum sowie die mit ihm verbundenen Denker übernahmen Basisfunktionen zur Ausbreitung und zum Verständnis dieser Geistesauffassung. Zu nennen als Wegbereiter liberaler Ideen sind vor allem Gottfried Wilhelm Leibniz (1646 - 1716), Wilhelm von Humboldt (1767 - 1835) und Immanuel Kant (1724 - 1804). Philosophisch vorbereitet bzw. mitgestaltet wurden die Ideen des Liberalismus durch die Denkansätze des Rationalismus (Descartes 1596 - 1650) und der Aufklärung. Montesquieu (1689 - 1755) schuf mit seinen Lehren über die Gewaltenteilung (Exekutive, Legislative, Judikative) die Basis für die Einschränkung, Begrenzung bzw. Abschaffung des staatlichen (absolutistischen) Machtmonopols. Die Gewaltenteilung dient der Verhinderung des Machtmißbrauchs; sie ist somit Grundlage für jede rechtsstaatliche Ordnung. Mit der Unabhängigkeitserklärung der Vereinigten Staaten von Amerika und der damit verbundenen Erklärung über die Menschenrechte (Virginia Bill of Rights vom 12. Juni 1776, Art. 1) hatten sich die Ideen des Liberalismus auch politisch manifestiert. Die zentralen Forderungen des Liberalismus nach individueller Freiheit (zumindest für die weiße Bevölkerung des jungen Staates), nach individuellem Eigentum — nur auf Basis von Privateigentum erscheint wirtschaftliches Handeln effektiv und effizient — und nach Rechtsgleichheit wurden verfassungsmäßig garantiert. Der Liberalismus in Deutschland bewirkte verschiedene wirtschafts- und gesellschaftspolitische Aktivitäten: z.B. die Gründung der Deutschen Burschenschaften 1815 in Jena, das Wartburgfest 1817, das Hambacher Fest 1832, die wirtschaftliche Einigung Deutschlands (Deutscher Zollverein: Kleindeutsches Wirtschaftsgebiet unter Preußens Führung). Durch die Unruhen der liberalen Revolution von 1848/49 wurde die verfassunggebende Nationalversammlung in die Frankfurter Paulskirche einberufen, die im März 1849 — nach monatelangen Beratungen — die erste demokratische Verfassung Deutschlands mit einem Grundrechtsteil verabschiedete.

Rassismus

Rassismus; ein übersteigertes Rassenbewußtsein verbunden mit Rassenhetze. Im Laufe des 18./19. Jahrhunderts wurden rassistische Ideologien[60] entwickelt. Bis zum Ende des Ersten Weltkrieges und vor allem in der Phase zwischen den beiden Weltkriegen wurde die „Rassismustheorie" weiter ausformuliert und gewann in ihrer politisch ausgestalteten und ideologisierten Form zunehmend an Anhängern. Diese – so der vermeintliche Anspruch der Rassisten - „wissenschaftlich begründete" „Rassenideologie" klassifiziert die Menschen nach anthropologischen und kulturellen Merkmalen. Dabei wurde von ihren Anhängern der Anspruch vertreten, daß Fähigkeiten bzw. historische Entwicklungen nicht auf kulturelle, ökonomische, ökologische, politische und soziale Ursachen zurückzuführen seien, sondern vor allem biologisch-anthropologisch („organische Theorie") bedingt sind. Daraus abgeleitet ergibt sich die Konstruktion einer hierarchischen Ordnung, ein Über- bzw. Unterlegenheitsraster der verschiedenen Rassen. Die politische Manifestation – zahlreiche Parteien (z.B. Antisemitische Volkspartei, Christlichsoziale Arbeiterpartei) nahmen zu Beginn des 20. Jahrhunderts rassistische und antisemitische Leitgedanken in ihre Programme auf – bedeutete für viele Völker und Volksgruppen Ausgrenzung, Diskriminierung, Stigmatisierung, Unterprivilegierung und Verfolgung, Sie wurde zur Rechtfertigung von Imperialismus und Kolonialismus (die Unterwerfung und Ausbeutung sog. unterentwickelter Völker), zur Apartheid und der damit verbundenen Anwendung von „Rassengesetzen" (z.B. im Dritten Reich: Gesetz zur Verhütung erbkranken Nachwuchses (14. Juli 1933), „Reichsbürgergesetz" und „Gesetz zum Schutze des deutschen Blutes und der deutschen Ehre" vom 15. September 1935)

Im Jahre 1920 arbeitete Hitler (zusammen mit Anton Drexler, dem Mitbegründer der DAP, der Vorläuferpartei der NSDAP) in seinem 25-Punkte-Programm die Grundsätze „seiner" nationalsozialistischen Ideologie, die Basis seiner späteren Politik, aus. Dieses am 24. Februar 1920 im Münchener Hofbräuhaus vor mehr als 2.000 Teilnehmern veröffentlichte Programm galt nach der Wahl Hitlers zum Vorsitzenden der NSDAP als „gegeben und unveränderlich" und hatte bis zum Ende des Zweiten

---

[60] Wir verweisen hier u.a. auf Gobineau (Essai sur l'inégalite des races humaines [Essay über die menschlichen Rassen], 1855), Julius Langbehn (Rembrandt als Erzieher, 1890), Wilhelm Marr (Der Sieg des Judenthums über das Germanenthum, 1867), Ludwig Woltmann (Politische –Antropologie, 1903), Vacher de Lapouge (L'Ayren, son rôle sociale [Die soziale Rolle der Arier], 1890). Siehe hierzu auch: Becker 1990; Cavalli-Sforza 1994.

Glossar

Weltkrieges Bestand. Bereits aus diesem „politischen Manifest" läßt sich die NS-Rassenideologie herleiten. Im Punkt 4. des „Parteiprogrammes" heißt es:

„Staatsbürger kann nur sein, wer Volksgenosse ist. Volksgenosse kann nur sein, wer deutschen Blutes ist, ohne Rücksichtnahme auf Konfession. <u>*Kein Jude kann daher Volksgenosse sein"*</u> (Unterstreichung durch den Vf.).

In seinem Buch „Mein Kampf" erläuterte Hitler seine faschistisch geformten Ideen und Theorien, u.a. Antisemitismus (Haß und Feindschaft gegenüber den Juden[61]), extremer Nationalismus, Rassismus, die allgemeine Unterstellung von ungleichen menschlichen Rassen, die „besondere" Überlegenheit der deutschen bzw. (arischen) nordischen Rasse verbunden mit dem Anspruch auf Lebensraum im Osten des europäischen Kontinents bei gleichzeitig einhergehender Unterdrückung und Ermordung „fremdrassiger" Völker (Juden, Sinti und Roma).

SA

SA, Abkürzung für „Sturmabteilung". Die SA wurde Anfang der zwanziger Jahre (1920/21) gegründet. Innerhalb der Herrschafts- und Organisationsstruktur der NSDAP war ihr zunächst die Rolle einer uniformierten „Ordnungs- und Kampftruppe" zugedacht. Auf der einen Seite war es Aufgabe der SA, die NSDAP-Veranstaltungen (z.b. in Wahlkämpfen) zu schützen, auf der anderen Seite sollte sie mit „agitatorischen" Mitteln (durch Saal- und Straßenschlachten) die Konkurrenzveranstaltungen der politischen Gegner (insbesondere gegen die Kommunisten, gegen den politischen Widerstand und damit gegen die Weimarer Republik) stören. Mit Unterstützung der SA versuchte Adolf Hitler – er rief im Münchener Bürgerbräukeller die „nationale Revolution" aus und erklärte die bayerische Staatsregierung für abgesetzt – im Jahre 1923 (8./9. November) durch einen Putschversuch die Macht im Reiche zu erlangen. Bekanntlicherweise scheiterte dieser Putschversuch. Hitler wurde des Hochverrats angeklagt und „verbüßte" eine sechsmonatige Haft in der Festung Landsberg, wo er den ersten Teil seines Buches „Mein Kampf" schrieb. Im Jahre 1931 (5. Januar) ernannte Adolf Hitler in seiner Funktion als NSDAP-Führer Ernst Röhm zum Chef der SA. Die Mitgliederzahl der SA – eine Vielzahl der Mitglieder war arbeitslos und entstammte unteren sozialen Schichten - stieg im Zeitraum 1930 bis 1932 auf rd. 400.000 Personen. Durch Eingliederung von Wehrverbänden erhöhte sich die Mitgliederzahl der SA auf rd. 4 Millionen. Nach der Machtübernahme durch die Nationalsozialisten wurde die SA auch als Hilfsorgan der Polizei eingesetzt.

Da die von der SA-Führung erwartete „revolutionäre Umwandlung" des deutschen Staates von Hitler nicht mitgetragen wurde, kam es vom 30.06. bis 02.07.1934

---

[61] Auszug aus „Mein Kampf": *„So glaube ich heute im Sinne des allmächtigen Schöpfers zu handeln: Indem ich mich des Juden erwehre, kämpfe ich für das Werk des Herrn".*

Vergessen kann man es nie.....

zur sogenannten „Röhm-Affäre". Das Drängen Röhms nach einer „zweiten NSDAP-Revolution", die u.a. eine „Integration" der Reichswehr in die SA-Verbände zum Ziel hatte, fand bei Hitler keine Zustimmung. Neben Röhm (*1887), dem Stabschef der SA, wurden in einer von der Geheimen Staatspolizei (Gestapo) und der SS durchgeführten Aktion fast die gesamte SA-Führung und andere politische Gegner (u.a. von Kahr [*1862], von Schleicher [*1882], Gregor Strasser [*1892]) verhaftet und liquidiert. Im Zuge dieser Aktion wurden im gesamten Reich rd. 200 Personen (SA-Angehörige und Oppositionelle) festgenommen und später umgebracht. Hitler selbst war es, der Röhm und andere SA-Führer, die im Bad Wiesseer Hotel „Hanselbauer" übernachteten, als „verhaftet" erklärte. Der SA-Chef und weitere „Verschwörer" aus dem SA-Stab wurden ins Gefängnis nach München-Stadelheim gebracht. Auf Befehl Hitlers wurden sechs SA-Angehörige sofort - ohne daß ein „rechtmäßiges" Gerichtsverfahren durchgeführt wurde - mit dem Hinweis „Sie sind vom Führer zum Tode verurteilt worden! Heil Hitler!" (Gritschneder 1993, S. 24) erschossen. Georg Strasser erschoß man im Gestapo-Hauptquartier in seiner Zelle. General von Schleicher und seine Frau wurden in ihrem eigenen Haus umgebracht. Die verstümmelte Leiche Gustav Ritter von Kahrs, ein vehementer Hitler-Gegner, fand man in der Nähe von Dachau. Röhm, dem Hitler die „Gelegenheit zur Selbsttötung" einräumte, machte von diesem „Gnadenakt" keinen Gebrauch. Am 1. Juni 1934 wurde er vom Kommandanten des Konzentrationslagers Dachau, Theodor Eicke und seinem Stellvertreter, SS-Sturmbannführer Michael Lippert, in seiner Zelle liquidiert. Hitler: *„Dem ehemaligen Stabschef Röhm ist Gelegenheit gegeben worden, die Konsequenzen für sein verräterisches Handeln zu ziehen. Er tat das nicht und wurde daraufhin erschossen"* (zitiert nach Domarus 1973 [Hrsg.], S. 404). Siehe hierzu auch: von Fallois 1994; C. Fischer 1989, S. 212 - 222; Gossweiler 1983; Höhne 1984, S. 256 - 268; Jamin 1981, S. 329 - 360; Kershaw 1998, S. 644 - 650; Kogon 1874; Longerich 1989, S. 218 ff.; Vogelsang 1965. Infolge dieser Vorgänge verlor die SA ihre Vormachtstellung an die SS; sie wurde mit der vormilitärischen Erziehung und Ausbildung der Jugendlichen beauftragt. Trotz des Machtverlustes ging von der SA weiterhin ein erhebliches Gewaltpotential aus. Sichtbar – für alle – wurde das bei den Ereignissen während der Reichspogromnacht. Hier attackierte die SA mit äußerster Gewalt und Brutalität die jüdischen Mitbürger.

SS

SS, Abkürzung für „Schutzstaffel". Als Sonderorganisation (quasi als paramilitärischer Kampfverband der NSDAP) zum Schutz von Adolf Hitler und anderer hoher NSDAP-Parteifunktionäre, wurde die SS, organisatorisch zunächst der SA unterstellt, im Jahre 1925 gegründet. Ab 1929 (6. Januar) wurde die SS von Heinrich Himmler (1900 - 1945) geführt, der den Titel „Reichsführer SS" trug. Am 20. April 1934 wird Himmler der Chef des „Geheimen Staatspolizeiamtes" in Preußen, die

Glossar

Keimzelle der späteren Geheimen Staatspolizei (Gestapo[62]). Unter Himmler, der ab 1936 (17. Juni) den Doppeltitel: „Reichsführer SS und Chef der Deutschen Polizei" trägt, wird die Polizei zum (gefürchteten) Instrument der nationalsozialistischen Staatsführung (Führerprinzip, Kontroll- und Verfolgungsapparat). Diese Doppelfunktion führte schließlich zur Koppelung von Partei- und Staatsamt, ein „Gleichschaltungsprozeß", der der SS die Befehlsgewalt über die gesamte deutsche Polizei sicherte. Himmler, der nunmehr Adolf Hitler direkt unterstellt war, besaß nun die Möglichkeit, den gesamten Polizeiapparat als Instrumentarium des „Führerwillens" gegen Oppositionelle, Andersdenkende oder ethnisch „minderwertige" Gruppen und Verbände (sog. rassisch und soziale Minderheiten) mit der ganzen „Härte des Gesetzes" einzusetzen. Eine wichtige Voraussetzung diese „nationalsozialistische" Zielsetzung zu erreichen, war der von Himmler konzipierte Verwaltungsaufbau der SS. In letztlich insgesamt 12 Hauptämtern (ab 1942) wurden die Aufgabenbereiche der SS organisiert. Die wichtigsten Hauptämter[63] waren das am 27. September 1939 gegründete Reichssicherheitshauptamt (RSHA) mit der Zuständigkeit für die Gestapo, Kriminalpolizei und den Sicherheitsdienst (SD), das Hauptamt Ordnungspolizei und das im Jahre 1942 geschaffene Wirtschaftsverwaltungshauptamt (WVHA). Das RSHA[64], das ab 1941 mit der „technischen Endlösung", dem Massenmord an den Juden, beauftragt wurde, wurde zunächst von SS-Gruppenführer Reinhard Heydrich und nach dessen Tod von Ernst Kaltenbrunner (1903 – 1946) „geführt"; das WVHA, u.a. zuständig für die Verwaltung und Inspektion der Konzentrationslager, wurde von Oswald Pohl (1892 – 1951) und das Hauptamt der Ordnungspolizei von SS-Obergruppenführer Kurt Daluege (1897 – 1946) geleitet.

Zum Zeitpunkt der „Machtübernahme" durch die Nationalsozialisten betrug die Personalstärke der „Allgemeinen-SS" rund 52.000 Mann. Nach der Entmachtung der SA („Röhm-Affäre") und der gleichzeitig von Hitler verfügten organisatorischen Eigenständigkeit der SS wuchs ihre Mitgliederzahl stark an und übersprang die 200.000-Grenze. Himmler begann auch mit dem Aufbau bewaffneter Verbände, den SS-Verfügungstruppen, der späteren Waffen-SS und den SS-Totenkopfverbänden, eingesetzt als Wachmannschaften für die Konzentrationslager. Am 5. Juli 1934 er-

---

[62] Zur Frühgeschichte von Gestapo und SD verweisen wir auf: Aronson 1971. Die Institutionen (RSHA, SS, SD) und verantwortlichen Personen des nationalsozialistischen Terrors sind im Detail bei Rürup ([Hrsg.] 1987, S. 36 - 108) beschrieben bzw. aufgelistet. Siehe hierzu auch: Höhne 1969.
[63] Die anderen Hauptämter waren: Persönlicher Stab (RFSS – Ltg. Wolff), Stabshauptamt (RDFDV), SS-Hauptamt (Ltg. Berger), Dienststelle SS-Obergruppenführer (Ltg. Heissmeyer), SS-Führungshauptamt (Ltg. Jüttner), Rasse – und Siedlungshauptamt (Ltg. Hildebrandt), Hauptamt SS-Gericht (Ltg. Breithaupt), Hauptamt Volksdeutsche Mittelstelle (Ltg. Lorenz) und SS-Personal-Hauptamt (Ltg,. von Herff).
[64] Am 27. März 1940 ordnete Heinrich Himmler die Errichtung eines Konzentrationslagers nahe der polnischen Stadt Oswiecim (unweit von Krakau) an. Von den Deutschen wird dieses KZ Auschwitz genannt. SS-Obersturmbannführer Rudolf Höß übernahm Anfang Mai die Lagerleitung.

Vergessen kann man es nie.....

klärte das Reichswehrministerium unter Führung von Werner von Blomberg (1878 – 1946, Generalfeldmarschall und bis 1938 Oberbefehlshaber der deutschen Wehrmacht) sich damit einverstanden, der SS die Ausrüstung einer SS-Division mit schweren Waffen zu erlauben. Bereits Ende 1937 erreichte die Gesamtstärke der SS-Verfügungstruppen und SS-Totenkopfverbände rd. 17.000 Mann[65]. Per „Führererlaß" vom 18. Mai 1939 wurden die Verbände der SS-Verfügungstruppen zu einer SS-Division (Artillerie; Panzerabwehr und Aufklärung, Flak) zusammengefaßt. Gegen Ende des Zweiten Weltkrieges verfügten die bewaffneten Einheiten der SS über 40 militärisch gut ausgerüstete Divisionen.

Der Internationale Militärgerichtshof (IMT), der ab Ende 1945 in Nürnberg tagte, erklärte die SS zur **verbrecherischen Organisation**. Die Angehörigen von Allgemeiner-SS, Waffen-SS, SS-Totenkopfverbänden, von Gestapo und dem SD wurden als Kriminelle eingestuft.

Totalitarismus

Totalitarismus (franz., alles beanspruchend, alles erfassend). Eine Bezeichnung für eine Gesellschafts- bzw. Staatsform, die durch Ausschaltung der Prinzipien der Rechtsstaatlichkeit gekennzeichnet ist. In der Brockhaus Enzyklopädie ist folgender Eintrag zu finden: *„Totalitarismus [...] das Prinzip jener politischen Herrschaft, die einen uneingeschränkten Verfügungsanspruch über die von ihr Beherrschten stellt"* (ebd. 1993, S. 268). Diese Definition verdeutlicht, daß der Staat (das Herrschaftssystem oder der „Alleinherrscher") alle gesellschaftlichen ja sogar individuellen Aktivitäten (politische, kulturelle, ökonomische, religiöse, intellektuelle etc.) dieser (seiner) Ideologie unterordnet mit der Folge, daß eine „Abwesenheit der Demokratie" (hierarchisch aufgebaute Einheitspartei, Ausschaltung der Opposition, es besteht keine Gewaltenteilung, Führerprinzip, Waffenmonopol, Willkürherrschaft) und die Zerstörung der individuellen Freiheit (Bespitzelung durch eine terroristische Geheimpolizei, Denunziation) gegeben ist.

Unter den Begriff des Totalitarismus lassen sich somit politische (totalitäre) Ideologien wie beispielsweise, Bolschewismus, Faschismus, Kommunismus, Nationalsozialismus subsumieren. Zur Theorie des Totalitarismus bemerkt Hannah Arendt: *„Das Wesentliche der totalitären Herrschaft liegt also nicht darin, daß sie bestimmte Freiheiten beschneidet oder beseitigt, noch darin, daß sie die Liebe zur Freiheit aus dem menschlichen Herzen ausrottet, sondern einzig darin, daß sie Menschen, so wie sie sind, mit solcher Gewalt in das eiserne Band des Terrors schließt, daß der Raum des Handelns, und dies allein ist die Wirklichkeit der Freiheit, verschwindet. Das ei-*

---

[65] Andere Quellen (Kogon 1974, S. 31 f.) nennen insgesamt eine Personalstärke von rd. 210.000 Mann (90 Prozent Verfügungstruppen und 10 Prozent Totenkopfverbände). Gegen Kriegsende standen bei der SS rd. 1 Mio. Mann (davon rd. 950.000 Waffen-SS) unter Waffen.

Glossar

serne Band des Terrors konstituiert den totalitären politischen Körper und macht ihn zu einem unvergleichlichen Instrument [...]" (ebd.1986, S. 714).

Wert

Ein vieldeutiger Begriff in den diversen Theoriefeldern der Wissenschaft. So begegnet uns der Begriff des Wertes beispielsweise in der Mathematik (z.B. math. Grenz- und Funktionswerte), in der Physik (z.b. physikalische Basiseinheiten, Naturkonstanten), in der Chemie (z.b. Periodensystem der Elemente), in der Medizin (z.B. Messung von Blutwerten), in der Philosophie (logische, metaphysische, ethische), in den Wirtschaftswissenschaften (Betriebswirtschaft: Kosten- und Ertragswert, Buchwert, Wiederbeschaffungswert, Anschaffungswert, Teilwert etc.; Volkswirtschaft: Tauschwert) und in den Sozialwissenschaften (z.b. Soziologie). Ganz allgemein stellt der Wert das Verhältnis, die Beziehung zweier oder mehrerer Größen dar. Während bei den Naturwissenschaften in der Regel ein Objekt-Objekt-Verhältnis gegeben ist, liegt in der Geistes- und Sozialwissenschaft eine Objekt-Subjekt-Beziehung vor. Dadurch wird der Wert zum Maßstab (Grad der Tauglichkeit) der menschlichen (sozialen) Bedürfnisbefriedigung (sittliche; wirtschaftliche; ästhetische; ethische und metaphysische). Wertvorstellungen über Eigenschaften oder Charakter eines Dinges (Gutes) oder über unsere Mitmenschen (z.B. Gruppe, Gesellschaft) beeinflussen unser Handeln und unsere Verhaltensweisen. Werte/Wertvorstellungen unterliegen komplexen soziokulturellen, soziökonomischen und soziökologischen Wandlungsprozessen. Sie sind abhängig bzw. werden beeinflußt z.B. von Wissen, Weltanschauungen (Ideologie), Lebensverhältnissen etc.

Wissenschaft

Wenn wir im folgenden von „**der**" Wissenschaft sprechen, dann ist damit nicht das Wissenschaftsverständnis des Altertums gemeint, also die Verständnis- und Erkenntnisobjekte, die insbesondere durch die Religion und Philosophie geprägt wurden. Natürlich wurde auch im Altertum wissenschaftlich gearbeitet im Sinne von Ordnen, Erkennen, Nachdenken über die **Ursachen** von Ereignissen. Wissenschaft im Altertum fand mehr oder weniger unter folgenden Prämissen statt:

1. eine vernünftige Ordnung - damit ist auch die Ordnung des gesellschaftlichen Zusammenlebens gemeint - wurde durch Gott oder die Götter vorgegeben,
2. es wurde viel gedacht - aber wenig erforscht
3. Erkenntnisgewinn und Glaube sollten - wie beispielsweise in der Philosophierichtung der Scholastik [ges. mittelalterliche Philosophie und Theologie; dabei ist Grundlage das Christentum und die Kultureinheit

des Abendlandes; erst in der Spätscholastik erfolgte die Loslösung, die Verselbständigung des naturwissenschaftl.-phil. Denkens] - in Einklang gebracht werden, was aber nicht immer oder eigentlich immer seltener mit fortschreitendem Erkenntnisgewinn gelang (Demokrit von Abdera [um 460 – 380 v.Chr.], die Atomtheorie; der Prozeß der römisch-katholischen Kirche gegen Galilei [1584 – 1642]).

Die Wissenschaft soll hier unter den Begriff der „Moderne" gestellt werden. Ein transzendentes (Übersinnliches, zwischen Himmel [Gott] und Erde Anzusiedelndes) Denken tritt in den Hintergrund, es wird aus unseren Überlegungen verbannt. Zu fragen ist, wodurch (durch welche Ereignisse, durch welche epochalen Entwicklungen) wurde das Wissenschaftsverständnis verändert bzw. beeinflußt?

*1. durch die Ideen der **Aufklärung**, also durch die Vernunft des Individuums, durch die Kraft der Gedanken und formaljuristisch durch die Naturrechtslehre, die den Menschen wieder als Individuum entdeckte und die ihm letztendlich unantastbare und unveräußerliche Rechte zubilligt.*
*2. durch die **politischen Revolutionen** in den USA und Frankreich (Erklärung der Menschenrechte, Entwicklung von staatstragenden Verfassungen (der Gesellschafts- und Herrschaftsvertrag) und daraus ableitend die Gewährung von persönlichen unantastbaren und unwiderruflichen Freiheiten für das Individuum.*
*3. durch die **Industrialisierung** (industrielle Revolution) und den damit verbundenen Nachfrageschub (Kaufkraftsteigerung breiter Bevölkerungsschichten).*

Wie ist also der Begriff der „modernen" Wissenschaft zu deuten? Wissenschaftliche Tätigkeiten müssen eine Reihe von zusammenhängenden und gemeinsamen Merkmalen beinhalten; Wissenschaft umfaßt einen Katalog von **Methoden** und Instrumenten mit denen Wissensansprüche gesichert bzw. abgesichert werden können. Die Wissenschaft (oder der Wissenschaftler) arbeitet mit Begriffen, Theorien und Hypothesen, um mit diesem **Instrumentarium** falsche Aussagen von solchen zu unterscheiden, die logisch konsistent und empirisch haltbar sind. In diesem Falle findet also eine **erfahrungswissenschaftliche Überprüfung** statt. Diese zum Einsatz kommenden Methoden, Instrumente, Regeln basieren auf einem jeweils - für alle Wissenschaftler - gültigen **Methodenstandard**. Wissenschaft muß sich dem ständig ändernden Wissensvorrat stellen und entsprechende **Anpassungsfähigkeit** beweisen.

Wissenschaftliche Grundannahmen ändern sich im Zeitablauf. Beispiel: Die Newton'schen Gravitationsgesetze haben für den "Normalbürger" noch immer ihre Gültigkeit, sie sind jedoch durch die Einstein'schen Überlegungen (Äquivalenz von Raum und Zeit sowie Energie und Masse) im wahrsten Sinne relativiert worden. Ein

Glossar

weiteres Beispiel liefert uns die Quantenmechanik/-theorie. Das strenge Kausalitätsprinzip (also der Ursache-Wirkung-Zusammenhang) ist beispielsweise durch die Heisenberg'sche Unschärferelation (Geschwindigkeit und Ort eines Teilchens lassen sich nicht gleichzeitig messen) nicht mehr gegeben.

Wissenschaft bedarf einer **Wissenschaftsfreiheit**, die in der Bundesrepublik Deutschland nach Art. 5 Abs. 3 GG gewährleistet ist und die jedem Wissenschaftler den notwendigen Freiraum für seine Arbeiten gewährt. Ein hoher Anspruch, der - das zeigen die Erfahrungen aus der Vergangenheit - nicht immer haltbar ist. Daraus ableitend ist Wissenschaft für alle "offen" und unterliegt der **intersubjektiven Überprüfung**. Somit ist Wissenschaft auch oder gerade deshalb **wertfrei**, d.h. bei einem konkreten Forschungsvorhaben müssen auch den Hypothesen widersprechende Tatsachen berücksichtigt werden, so daß eine **Ideologisierung** der Ergebnislage von vornherein ausgeschlossen wird. Hier wird auf die Unvoreingenommenheit des Forschers reflektiert (M. Weber 1974 [1904]; Popper 1984 [1934] und 1984 [1972]). **Zielsetzung:** Wissenschaft will die Emanzipation (Aufklärungsfunktion) von der Befangenheit – sie will weg von einem ideologiebehafteten Denken. Die Wissenschaft kennt daher keine Glaubensgrundsätze (Dogmen). Somit gilt auch, daß es einen absolut geltenden Wahrheitsanspruch - diesen vereinnahmt die Ideologie für sich - in der Wissenschaft nicht gibt. Das läßt sich nicht nur anhand konkreter Befunde, sondern auch mit allgemeinen Entwicklungstendenzen und Erkenntnisprozessen aus den Bereichen der Geistes- und Naturwissenschaften belegen, auf die wir hier an dieser Stelle aber verzichten wollen. Gerade der Entwicklungsprozeß der Naturwissenschaft - die Geschichte der modernen Physik und Astronomie, ihre Loslösung (Abspaltung) von der Philosophie und Religion, die Änderung ihrer wissenschaftlichen Arbeitsweise (Methodik: Theorie und Empirie, Beobachtung und Experiment) - hat gezeigt, wie sogenannte „unumstößliche Prinzipien", „wissenschaftliche Konstanten" oder bereits als „Naturgesetze" postulierte Lehren verworfen, revidiert und damit neu- bzw. umgeschrieben werden mußten. Dazu schrieb Wolfgang Pauli:

"In der Naturwissenschaft [aber das gilt auch für die Geisteswissenschaft] gibt es keine allgemeine Regel, wie man vom empirischen Material zu neuen mathematisch formulierbaren Begriffen und Theorien kommen kann. Einerseits geben die empirischen Ergebnisse Anregungen zu Gedankengängen, andererseits sind Gedanken, Ideen selbst Phänomene, die oft spontan entstehen, um nachher bei Konfrontation mit den Beobachtungsdaten wieder Modifikationen zu erfahren" (ebd. 1992, S. 193).

Unsere geistigen Fähigkeiten, letztendlich die revolutionierenden Ideen waren es, die uns Verständnis und Einsicht in naturgegebene Vorgänge erlaubten, die unser religiös-philosophisch geprägtes Weltbild - unseren Standort - veränderten, die Inkompetenz und Vorurteile ad absurdum führten, die ideologische oder gar dogmatische

Verzerrungen in gesellschaftlichen Systemen aufweichten und die uns so zu einer sachlichen Auseinandersetzung mit dem Erkannten, dem „Neuen" befähigen.

Fassen wir zusammen: Ableitend aus dem zuvor Besprochenen lassen sich nachstehende Definitionen formen:

1. *Die „moderne Wissenschaft" erlebte ihre Geburtsstunde mit der Abspaltung der Natur zugewandten Wissenschaft von der Geisteswissenschaft (hier: Religion/Philosophie). also in etwa - um es historisch einzuordnen - mit dem Beginn der epochalen Phase der Aufklärung.*
2. *Das führte dazu, daß transzendentes Denken (die Grenzen des Natürlichen überschreitend, übersinnlich) in den Hintergrund gedrängt wurde, daß neue Wissenschaftstechniken (z.B. die des Experiments - Galilei: Fallgesetze) eingeführt wurden, und daß die Mathematik mit neuen Verfahren (Leibniz, Newton: Infinitesimalrechnung etc.) zum Logikbeweis in den Vordergrund rückte.*
3. *Rationalismus und Empirismus (Vernunft und Beobachtbares), Beobachtung und Experiment wurden als wissenschaftliche Methode zugelassen. Theorien und Hypothesen bilden eine Arbeitssynthese.*
4. *Wissenschaft ist die Gesamtheit, der Gesamtbestand und -zustand des erreichten Wissens innerhalb eines Gesamtsystems (Gesellschaftssystems, Gesellschaftsordnung).*
5. *Damit ist Wissenschaft der Versuch einer Rekonstruktion der natürlichen, ideellen und sozialen Wirklichkeit (Umwelt). Mit den bereits genannten Methoden und Instrumenten soll diese Wirklichkeit möglichst real abgebildet werden.*
6. *Mit diesem Vorgehen, die Wirklichkeiten - natürlich, ideell, sozial - zu beschreiben, erfolgte allerdings die Aufspaltung der Wissenschaft. Unter diesem Gesichtspunkt betrachtet, bezeichnet man mit Wissenschaft die Summe der in einzelnen Fachdisziplinen nach wissenschaftlichen Methoden erarbeiteten Erkenntnisse.*

Aus der Differenzierung der Erkenntnismethoden ergibt sich somit eine unterschiedliche Einteilung der Wissenschaft. Die allgemeinste ist die folgende: Wir unterscheiden zwischen **Ideal-** und **Real**wissenschaft. Bei der Idealwissenschaft ist das Erkennen nicht abhängig von der Abbildung des Gegebenen (hier findet ein sinngebender Prozeß statt - typisches Beispiel dafür ist die Mathematik). Bei den Realwissenschaften differenzieren wir nach **Geistes- und Naturwissenschaft.**

Glossar

Zionismus

Zion [Hügel], eine Bezeichnung, die in der Bibel sowohl für das ganze Israel als auch für Jerusalem (Tochter Zions, die „Personifizierung" Jerusalems im Alten Testament) verwendet wird. Eine von Theodor Herzl (siehe hierzu auch: Fußnote Nr. 15, Seite 30) initiierte nationaljüdische, politisch und soziale Bewegung, die die Gründung eines eigenständigen und souveränen Judenstaates (Eretz Israel) zur Zielsetzung erhob. Das politische Ziel des Zionismus wurde mit der Proklamation des Staates Israels, also mit der Wiederherstellung seiner Souveränität, durch David Ben Gurion (1886 – 1973) am 14. Mai 1948 erreicht. Neben der politischen Variante zeichnet sich der Zionismus auch dadurch aus, daß er dem jüdischen Volk gemeinsame Charakteristika (wie beispielsweise Geschichte, Kultur, Religion, Sprache grundlegend übereinstimmende Ideale und Wertorientierungen etc.) zuschreibt. Gesellschafts- und wirtschaftspolitisch strebt die zionistische Bewegung ein friedliches Zusammenleben mit seinen Nachbarn und ein wirtschaftliches Wohlergehen aller in Israel lebenden Menschen an.

5. Historische Zeittafel 1930 - 1945

> Wir können die Geschichte der Vergangenheit
> weder ignorieren, noch können wir die
> Zukunft machen. Das ist ein Mißverständnis,
> vor dem ich warnen möchte,
> daß wir uns nicht einbilden,
> wir können den Lauf der Zeit dadurch beschleunigen,
> daß wir unsere Uhren vorstellen.
> (Otto von Bismarck – Reichstagsrede, 16.4.1869)

1931

12.09. Die SA demoliert in Berlin zahlreiche jüdische Geschäfte.

1932

19.01. Die Berliner Friedrich-Wilhelm-Universität wird aufgrund gewalttätiger Auseinandersetzungen von nationalsozialistischen Studenten gegen jüdische Kommilitonen für zwei Tage geschlossen.

1933

01.04. In ganz Deutschland finden Boykottmaßnahmen[66] gegen jüdische Geschäfte statt. Betroffen von dieser Aktion ist auch die jüdische Intelligenz (Professoren, Ärzte, Rechtsanwälte etc.).

07.04. Das von der Reichsregierung erlassene „Gesetz zur Wiederherstellung des Berufsbeamtentums" schließt Nichtarier von der Beamtenlaufbahn aus.

---

[66] Bei diesen pogromen Agitationen „zeichnet" sich insbesondere die SA mit großangelegten Plakataktionen („*Deutsche kauft nicht bei Juden*", „*Juden sind unser Unglück*", „*Meidet jüdische Ärzte*", „*Geht nicht zu jüdischen Rechtsanwälten*" etc.) aus. Bereits am 29. März 1933 ist in dem Kampfblatt der nationalsozialistischen Bewegung Deutschlands („Völkischer Beobachter", Süddeutsche Ausgabe [Ausgabe A, 46. Jg., 88. Ausg.]), der Aufruf der Parteileitung der NSDAP „*Samstag, Schlag 10 Uhr, wird das Judentum wissen, wem es den Kampf angesagt hat*" für jedermann sichtbar zu lesen.

Historische Zeittafel

22.04.	In Deutschland werden „nichtarische" Lehrer aus den Lehrerverbänden ausgeschlossen. Ferner dürfen „nichtarische" Kassenärzte nicht mehr praktizieren.
25.04.	Das „Gesetz gegen die Überfüllung von deutschen Schulen und Hochschulen" begrenzt den Anteil jüdischer (nichtarischer) Schüler und Studenten auf 1,5 Prozent.
01.08.	Angehende Ärzte finden im Lehrangebot (Vorlesungsverzeichnis) der Universität Halle einen Kurs für „Rassenhygiene".
04.08.	Die Benutzung der öffentlichen Bäder wird den Juden in Nürnberg verboten.
02.11.	Der Reichsausschuß der jüdischen Jugendverbände wird durch den Führer der Reichsjugend, Baldur von Schirach, als zentrale Vertretung anerkannt.

1934

01.01.	Das unter dem Vorwand der Erbgesundheitsforschung und -förderung (Stichworte: Eugenik, Rassenhygiene, Volksgesundheit) beschlossene „Gesetz zur Verhütung erbkranken Nachwuchses" tritt in Kraft. Ein weiterer Schritt hin zur Euthanasie[67].

---

[67] Der Euthanasiegedanke (griechisch: Der leichte Tod; eine humane Erleichterung des Sterbeprozesses, z.B. durch schmerzlindernde Medikamente) wurde von den Nazis in grauenhafter und menschenverachtender Weise mißbraucht. Institutionalisiert durch die „nationalsozialistischen" Ärzte (Nationalsozialistischer Deutscher Ärztebund, Reichsärztekammer) und personifiziert u.a. durch Karl Brandt (Leibarzt Adolf Hitlers), Philip Bouhler (Chef der Führerkanzlei), die Psychiater Werner Heyde, Carl Schneider, Max de Crinis, Friedrich Mennecke und Paul Nitsche wurde im Auftrage Hitlers Anfang 1939 das Programm zur „Durchführung der Euthanasie [Aktion T 4])" erarbeitet. „Diagnosekriterien" wie beispielsweise „arbeitsuntauglich", „kriminell veranlagt", "nicht deutschstämmig", „geisteskrank" etc. bedeuteten für viele der Betroffenen den sicheren Tod. Unter dem Deckmantel von „Heil- und Pflegeanstalten" wurden Tötungszentren u.a. in Bernburg, Brandenburg, Grafeneck, Hadamar und Hartheim eingerichtet. Die Perversion der nationalsozialistischen Rassenhygiene „offenbarte" sich in den Handlungen des Chefarztes des Frauenlagers im Vernichtungslager Auschwitz. Josef Mengele (1911 - vermutlich gestorben 1978 in Brasilien). Unter dem rassenideologischen Vorwand (physische Vernichtung von sogenannten „undeutschen, lebensunwerten" Lebens) führte Mengele (Astor 1985; Posner/Ware 1986) qualvollste pseudowissenschaftliche (medizinische) „Experimente" an den Lagerinsassen (insbesondere an Zwillingen, Säuglingen und Kleinwüchsigen) durch (Jäckel/Longerich/Schoeps [Hrsg.] 1998, S. 84 - 89 und S. 947 - 948). Mit den Nürnberger-Folgeprozessen, Fall 1 (Ärzte-Prozeß) und Fall 3 (Juristen-Prozeß [„Rasse-

Vergessen kann man es nie.....

1935

03.01. Die Habilitationsordnungen an deutschen Universitäten werden per Erlaß des Reichserziehungsministeriums „erweitert". Neben der Habilitationsschrift ist auch der „Ariernachweis" (bei Verheirateten auch der der Ehefrau) vorzulegen.

16.01. Der „Erlaß über die Vererbungslehre und Rassenkunde in den Schulen" (seit dem 13. September 1933 in den preußischen Schulen gültig) wird auf das gesamte Reich ausgeweitet.

01.02. In einer großangelegten Flugblattaktion ruft die Deutsche Arbeiterfront (DAF) unter der Führung von Robert Ley (1890 – 1945) zum Boykott jüdischer Geschäfte und jüdischer Ärzte auf.

28.04. In Berlin wird der Reichsverband jüdischer Kulturbünde, als Zusammenschluß aller Kulturorganisationen in Deutschland, gegründet.

21.05. Das neue Wehrgesetz wird verkündet. Juden werden vom Wehrdienst ausgeschlossen.

08.07. Per Erlaß durch das Reichserziehungsministerium müssen alle Studienbewerber an den deutschen Universitäten den „Ariernachweis" erbringen.

15.07. Auf dem Berliner Kurfürstendamm kommt es unter Beteiligung der SA zu gewalttätigen Ausschreitungen gegen jüdische Mitbürger.

03.08. Reichsinnenminister Frick (1877 - 1946) berichtet auf dem Gautag in Essen, daß die „Judenfrage auf legalem Wege" zu lösen sei.

schandeverfahren"]) wurde ein Versuch der juristischen Aufarbeitung unternommen und die Bestrafung einiger der hauptverantwortlichen Täter herbeigeführt. Im Ärzteprozeß (mit Urteil vom 20. August 1947) wurden 23 Personen angeklagt (u.a. Verbrechen gegen die Menschlichkeit, Verschwörung zur Begehung von Kriegsverbrechen, Kriegsverbrechen [medizinische Versuche]). Sieben davon (Karl Brandt, Karl Gebhardt, Joachim Mrugowsky, Rudolf Brandt, Viktor Brack, Wolfram Sievers und Waldemar Hoven) wurden zum Tode verurteilt und hingerichtet; neun Angeklagte erhielten langjährige Freiheitsstrafen, die restlichen sieben wurden freigesprochen (Maser 1988, S. 612 - 613).

Historische Zeittafel

10.08. Die Standesbeamten werden vom Reichsinnenminister angewiesen, keine arisch-jüdischen-Mischehen zu schließen.

03.09. Im schweizerischen Luzern geht der 19. Zionistenkongreß zu Ende. Die Konferenzteilnehmer machen insbesondere auf die Entrechtung der Juden in Nazideutschland aufmerksam. Sie appellieren an die freien demokratischen Völker der Welt, den Juden in Deutschland beizustehen.

06.09. Der Herausgeber der NS-Hetzzeitschrift, das antisemitische Kampfblatt „Der Stürmer", Julius Streicher, wird von Adolf Hitler zum Mitglied der „Akademie für Deutsches Recht" berufen. Aufgabe der Akademie soll es sein, die Grundlagen für ein „nationalsozialistisches Recht" zu schaffen.

15.09. Anläßlich des NSDAP-Parteitages in Nürnberg werden zwei rassendiskriminierende „Gesetze" verabschiedet. Die Vorschriften des „Reichsbürgergesetzes" und die des „Gesetzes zum Schutze des deutschen Blutes und der deutschen Ehre" bewirken u.a. ein Eheschließungsverbot zwischen Deutschen („oder artverwandten Blutes") und Juden[68]. Die Verleumdungs- und Diskriminierungskampagnen[69] gegen den jüdischen Bevölkerungsanteil nehmen

---

[68] So wurde als Jude eingeordnet „wer von mindestens drei der Rasse nach volljüdischen Großeltern abstammt. [...] Als Jude gilt auch der von zwei volljüdischen Großeltern abstammende staatsangehörige jüdische Mischling, a) der beim Erlaß des Gesetzes der jüdischen Religionsgemeinschaft angehört hat oder danach in sie aufgenommen wird, b) der beim Erlaß des Gesetzes mit einem Juden verheiratet war oder sich danach mit einem solchen verheiratet, c) der aus einer Ehe mit einem Juden im Sinne des Absatzes 1 stammt" (Erste Verordnung zum Reichsbürgergesetz vom 14. November 1935). Erwähnenswert ist, daß die Nationalsozialisten und die Zionisten insbesondere im Zeitraum zwischen 1933 und 1937 „zusammenarbeiteten" und politisch durchaus gleichrangige Ziele verfolgten, eine Politik der Dissimilation. Während Nazi-Deutschland ein „judenfreies" Reich anstrebte, verfolgten die Zionisten die Schaffung des „Judenstaates" in Palästina und hofften dabei auf eine verstärkte Einwanderung aus Deutschland und aus den Gebieten Osteuropas. Georg Kareski, ein überzeugter Zionist, „kommentierte" die Nürnberger Gesetze wie folgt: „Seit vielen Jahren halte ich eine klare Trennung des kulturellen Lebens zweier Völker, die in einer Gesellschaft leben, für ein friedliches Nebeneinander unabdingbar. Ich habe eine solche Trennung, die auf der Grundlage der Achtung der fremden Kultur beruht, lange unterstützt. Die Nürnberger Gesetze vom 15. September 1935 scheinen mir, unabhängig von ihren Verfassungsbestimmungen, ganz und gar auf dem Weg für eine gegenseitige Achtung der Selbständigkeit und Getrenntheit jedes Volkes zu liegen" (Schoeps 1989, S. 31).

[69] So wurden in vielen deutschen Bahnhöfen Schilder mit der Aufschrift „Vor Juden und Taschendieben wird gewarnt" aufgestellt; auch in „akademischen" Veröffentlichungen erfolgte eine Hetz- und Diffamierungskampagne gegen die Juden. Das „Deutsche Ärzteblatt" schrieb: „Einzeller und Menschen, die nicht zur Gemeinschaftsbildung geschritten sind, bewahren ihr Leben nur da-

Vergessen kann man es nie.....

weiter zu. Bis Ende 1938 wandern rd. 170.000 (rd. 30 %) deutsche Juden aus dem Reichsgebiet aus, bis Oktober 1941 verlassen insgesamt rd. 270.000 Juden Deutschland.

04.11. Reichswirtschaftsminister Hjalmar Schacht (1877 – 1970) kündigt bezugnehmend auf die Beschlüsse des Nürnberger NS-Parteitages die ökonomische Entrechtung deutscher Juden an. Wie offensichtlich von den Nazis erwartet und erhofft, kommt es vermehrt zu panikartigen Geschäftsverkäufen bei der jüdischen Bevölkerung.

21.12. Die Durchführungsverordnungen zu den Nürnberger Gesetzen zwingen die jüdischen Ärzte an öffentlichen Krankenhäusern zum Dienstaustritt.

26.12. Die Erweiterungsverordnung des Reichsinnenministeriums zum „Reichsbürgergesetz" bezeichnet ehemalige jüdische Beamte nicht mehr als „Reichsbürger", sondern als „Bürger zweiter Klasse".

31.12. Auf dem Verordnungsweg entläßt das Deutsche Reich - basierend auf den Parteitagsbeschlüssen von Nürnberg - alle jüdischen Beamten aus seinen Diensten.

1936

05.02. Alle Aktivitäten des Reichsverbandes jüdischer Kulturbünde werden durch den Reichspropagandaminister, Joseph Goebbels, verboten.

06.04. Auf Grund eines Erlasses des Reichsinnenministers können Juden in Deutschland nicht mehr den Beruf des Dolmetschers ausüben.

---

durch, daß sie sich als Parasiten vom Gemeinschaftswesen erhalten. Dies gilt von den Bakterien wie von den Juden. Nahe liegt ein Vergleich der Juden mit den Tuberkelbazillen....". In der Zeitschrift „Deutsches Recht" heißt es: „Während bei einem Volksgenossen die Anständigkeit präsumiert werden kann, muß beim Juden... die Unanständigkeit vermutet und die Anständigkeit für jeden einzelnen Fall bewiesen werden..." (Unterstreichungen vom Vf.; zitiert aus Informationen zur politischen Bildung 123/126/127, Neudruck 1991, S. 39).

Historische Zeittafel

29.04. Im „Völkischen Beobachter" listet der Gestapoführer Reinhard Heydrich die Volksgruppen auf, die als Feinde des Deutschen Reiches anzusehen sind, u.a. Juden, Freimaurer, Kommunisten aber auch politisch aktive Geistliche.

11.07. Auf Anordnung des Reichskriegsministeriums ist Juden der Dienst in der Wehrmacht verboten, sie werden nicht mehr eingezogen (siehe hierzu auch: Stichtag 21. Mai 1935).

08.08. Die „Jüdische Rundschau" meldet, daß im Zeitraum Februar 1933 bis April 1936 rd. 95.000 deutschstämmige Juden das Reich verlassen haben (davon emigrieren rd. 31.000 nach Palästina, rd. 22.000 nach Übersee und rd. 10.000 in die USA).

23.11. Im nachhinein wird dem in der Nacht zum Reichstagsbrand verhafteten und in den Konzentrationslagern Sonnenburg und Papenburg-Esterwegen inhaftierten Carl von Ossietzky (1889 - 1936) für das Jahr 1935 der Friedensnobelpreis verliehen. Hitler persönlich verbietet die Entgegennahme des Nobelpreises.

30.12. Der Bund der jüdischen Jugend wird durch die Gestapo zerschlagen und aufgelöst.

1937

02.08. In Oberschlesien (deutscher Sektor) kommt es zu antisemitischen Demonstrationen, dabei werden in vielen Ortschaften jüdische Geschäfte und sonstige Einrichtungen zerstört.

08.11. In München wird vom Reichspropagandaminister Joseph Goebbels die sogenannte „Aufklärungsschau - Der ewige Jude" eröffnet. Diese Ausstellung soll auf „wissenschaftlicher" Basis die Unterschiedlichkeit der menschlichen Rassen, und damit die „Überlegenheit" der nordischen, „bestätigen".

1938

26.04. Die deutsche Reichsregierung erläßt eine Verordnung zur Deklarierung jüdischen Vermögens.

Vergessen kann man es nie.....

21.05.	Auf dem Verordnungswege bestimmt Reichsinnenminister Wilhelm Frick, daß die Nürnberger „Rassengesetze" auch in Österreich Geltung haben.
14.06.	Die dritte Verordnung zum Reichsbürgergesetz (in der Fassung vom 15. September 1935) schreibt die Eintragung aller jüdischen Gewerbebetriebe in ein gesondertes Verzeichnis vor.
20.06.	Reichswirtschaftsminister Walther Funk ordnet per Erlaß den Ausschluß der Juden von allen Börsengeschäften an.
06.07.	Das „Gesetz zur Änderung der Gewerbeordnung" untersagt den in Deutschland lebenden Juden die gewerbliche Ausübung von Makler- und Vermittlungstätigkeiten (z.B. Heiratsvermittlung, Auskunfteien etc.).
25.07.	Mit der vierten Verordnung zum Reichsbürgergesetz (15. September 1935) werden die jüdischen Ärzte mit einem Berufsverbot belegt.
17.08.	Auf dem Verordnungswege durch das Reichsministerium (Wilhelm Frick) wird bestimmt, daß Juden, die keinen vom Innenministerium anerkannten jüdischen Namen tragen, den Zusatz "Israel" (für Männer) und "Sarah" (für Frauen) annehmen müssen. Die Reisepässe werden mit einem roten "J" abgestempelt. Diese Verordnung tritt zum 1. Januar 1939 in Kraft.
27.09.	Den Juden wird die Tätigkeit als Rechtsanwalt durch die fünfte Verordnung zum Reichsbürgergesetz (15. September 1935) untersagt.
01.10.	Jüdische Ärzte verlieren ihre Approbation. Sie werden aus den Ärzteregistern gestrichen und dürfen nur noch - bis auf Widerruf - jüdische Bevölkerungsschichten behandeln.
31.10.	Auf Grund der sechsten Verordnung zum Reichsbürgergesetz dürfen Juden den Beruf des Patenanwaltes nicht mehr ausüben.
09. - 10.11.	Die Reichskristallnacht (siehe hierzu auch: **EXKURS**)

Historische Zeittafel

12.11.   Die „Gesetze zum Schutze der deutschen Rasse" werden im Reichsgesetzblatt verkündet. Im Zuge weiterer gegen die Juden gerichteter Verordnungen (u.a. „Verordnung zur Ausschaltung der Juden aus dem Wirtschaftsleben", „Verordnung zur Wiederherstellung des Straßenbildes bei jüdischen Gewerbebetrieben"), kommt es (politisch gewollt und beabsichtigt) in der Folgezeit zu einer weitgehenden Ausschaltung der Juden aus dem Wirtschaftsleben Deutschlands Damit nicht genug: für das von den Nazis (und Mitläufern) während der Kristallnachtereignisse angetane Leid und Unrecht müssen die Juden eine „Sühneleistung"[70] von rd. 1 Milliarde Reichsmark leisten.

28.11.   Die Bewegungsfreiheit (räumlich und zeitlich) der Juden im Deutschen Reich wird per Polizeiverordnung stark eingeschränkt.

06.12.   Der Erlaß über den „Ausschluß der Juden an den deutschen Hochschulen" wird bekanntgegeben..

---

[70] Für den 13. November 1938 ist bei Joseph Goebbels folgender Eintrag in seinem Tagebuch zu finden: „Gestern: [...] Im Lande herrscht nun absolute Ruhe: Ich gebe Weisung heraus, daß Juden Besuch von Kinos und Theatern verboten ist. Das war notwendig und zweckmäßig. Meine Erklärungen vor der Auslandspresse werden in der ganzen Welt groß herausgebracht. Sie fassen alle meine Argumente zusammen. Wir sind schon wieder in der Offensive. Der Chefkorrespondent von Reuter kommt eigens zu einem Interview nach Berlin geflogen. Ich gebe ihm rückhaltlos Aufklärung und beklage mich über die Haltung der englischen Presse. Führe dafür eine Unmenge von Beispielen an. Er ist sehr betroffen. Ich glaube, er wird dementsprechend schreiben. Macht sehr guten Eindruck. Heydrich gibt einen Bericht über die Aktionen. 190 Synagogen verbrannt und zerstört. Das hat gesessen. Konferenz bei Göring über die Judenfrage. Heiße Kämpfe um die Lösung. Ich vertrete einen radikalen Standpunkt. Funk ist etwas weich und nachgiebig. Ergebnis: die Juden bekommen eine Kontribution von einer Milliarde aufgelegt. Sie werden in kürzester Frist gänzlich aus dem wirtschaftlichen Leben ausgeschieden. Sie können keine Geschäfte mehr betreiben. Bekommen dafür nur Schuldbuchverrechnungen zu 6 %. Die Schäden müssen sie selbst decken. Versicherungsbezüge verfallen dem Staat. Noch eine ganze Reihe dieser Maßnahmen geplant. Jedenfalls wird jetzt tabula rasa gemacht. Ich arbeite großartig mit Göring zusammen. Er geht auch scharf heran. Die radikale Meinung hat gesiegt. Ich setze für die Öffentlichkeit ein sehr scharfes Communiqué auf. Das wirkt wie eine Erlösung. Die große Sensation des Tages. Der Tote kommt den Juden teuer zu stehen. Im Büro noch lange weiter gearbeitet. In Prag will man Chvalkowski zum Präsidenten machen. Das wäre garnicht schlecht. In Paris brütet man über Notverordnungen zur Rettung der Wirtschaft und kommt zu keinem Entschluß. Die typische Demokratie! Mit Magda palavert. Es geht ihr leider gesundheitlich nicht gut. Die Kinder dagegen sind lieb, heiter und fidel. Mit dem Diktat zu meinem Buch angefangen. 2 Kapitel fertig. >>Adolf Hitler. Ein Mann, der Geschichte macht<<. Ich glaube es wird großartig. Spät erst ins Bett. Heute auch am Sonntag viel Arbeit" (ebd. 1999 S. 1284 - 1285).

Vergessen kann man es nie.....

22.12. An den Hochschulen in Prag und Brünn werden jüdische Hochschullehrer von jeglicher Lehrtätigkeit ausgeschlossen. Auch an anderen deutschen Universitäten und Hochschulen müssen jüdische Lehrer erzwungenermaßen ihre Tätigkeit aufgeben.

1939

01.01. Die vom Reichsinnenminister (Wilhelm Frick) erlassenen Verordnungen (Namensänderungsverordnung für Juden vom 17. August 1939, Ausschaltung der Juden aus dem Wirtschaftsleben vom 12. November 1938) treten in Kraft.

02.05. Der „Völkische Beobachter" veröffentlicht „aktuelle" Zahlen über die jüdische Bevölkerung im ehemaligen Österreich. Von den rd. 180.000 in Österreich lebenden Juden (zu Beginn des „Anschlusses" Österreichs an das Deutsche Reich) sind mittlerweile mehr als 100.000[71] emigriert - insbesondere in die USA und nach Palästina.

21.06. Bereits nach der Okkupation der Tschechoslowakei beginnen die Nazis mit der systematischen Judenverfolgung. Der Reichsprotektor Konstantin Freiherr von Neurath (1873 - 1956) ordnet die „Entjudung" der Wirtschaft im Protektorat „Böhmen und Mähren" an und entzieht damit der jüdischen Bevölkerung die wirtschaftliche Grundlage. Zunächst sind alle ökonomischen Aktivitäten der Juden melde- und überprüfungspflichtig.

23.11. Für die Juden in Polen wird das Tragen des „Gelben Sterns" zur Pflicht. Das von deutschen Truppen besetzte Polen (Generalgouvernement) soll verstärkt Juden aus den besetzten oder annektierten Gebieten aufnehmen. Bereits Anfang Oktober sind erste Deportationen (Juden aus Österreich und dem Protektorat Böhmen und Mähren) durchgeführt worden.

---

[71] Anderen Quellen zufolge sind ab dem Jahre 1938 aus Österreich rd. 150.000 Juden emigriert. Nach Schätzungen des "Jüdischen Zentralausschusses für Hilfe und Aufbau" emigrierten aus Deutschland in der Zeit von 1933 bis 1941 zwischen 257.000 und 273.000 deutsche Juden, also etwa die Hälfte der in Deutschland lebenden jüdischen Bevölkerung (Benz 1998 d, S. 42 - 43). Die Gesamtemigration von deutschsprachigen Juden aus Mittel- und Südosteuropa wird auf 450 - 600.000 Menschen geschätzt (Röder 1992, S. 348).

Historische Zeittafel

1940

26.01. Im Generalgouvernement (die besetzten Gebiete Polens) wird Juden die Benutzung der Eisenbahn verboten.

12.02. Aus dem Gebiet des Deutschen Reiches erfolgen die ersten größeren Deportationen von Juden nach Polen. Mit größter Brutalität treibt die SS Juden zum Abtransport zusammen. Mehr als 6.000 Personen jüdischer Herkunft werden im Raum von Lublin „angesiedelt". Per Dekret läßt Hitler diese Region als „Judenreservat" ausweisen. Die Deportationen dauern bis zum 15. Februar.

27.03. Heinrich Himmler, Reichsführer SS und Chef der deutschen Polizei, ordnet die Errichtung eines Konzentrationslagers nahe der polnischen Stadt Oswiecim (unweit von Krakau) an. Von den Deutschen wird dieses KZ Auschwitz genannt.

15.04. Auf Anweisung von Reichsinnenminister Wilhelm Frick müssen die in den Heil- und Pflegeanstalten untergebrachten Juden dem Innenministerium gemeldet werden.

20.04. Entsprechend einem Geheimerlaß des Oberkommandos der deutschen Wehrmacht sind alle jüdischen Mischlinge und Ehemänner von jüdischen Frauen aus der Wehrmacht zu entlassen.

30.04. In Lodz (Litzmannstadt) wird von den deutschen „Sicherungsbehörden" ein ganzes Areal abgeriegelt und zum „jüdischen Wohnbezirk" erklärt. Es entsteht das erstes Ghetto. Mehr als 220.000 Einwohner werden somit systematisch von der Außenwelt abgeschnitten und unter ärmlichsten Bedingungen bis zur „Endlösung der Judenfrage" unter Arrest gehalten.

04.05. Die Lagerleitung des Konzentrations- und Vernichtungslagers Auschwitz wird von Rudolf Höß[72] übernommen.

09.05. Die Reichsregierung verschärft ihre Vorgehensweise gegen die in Deutschland lebenden Juden. Sie verhängt eine generelle Aus-

---

[72] Wir verweisen hier auf seine autobiographischen Darstellungen. Siehe hierzu auch: Höß 1978. Über seine "Erfahrungen" als Kind in Auschwitz berichtet der Friedensnobelpreisträger Elie Wiesel (1996).

Vergessen kann man es nie.....

gangsbeschränkung. Demnach dürfen Juden von April bis September (zwischen 21 h und 5 h) und von Oktober bis März (zwischen 20 h und 6 Uhr) nicht mehr auf die Straßen.

14.06. Die ersten Gefangenen - 700 deportierte Juden aus Krakau - treffen in Auschwitz[73] ein.

18.10. Die „Vichy-Regierung" beschließt ein Judengesetz - ein erstes Rassengesetz in Frankreich.

22.10. Mehr als 6.500 deutsche Juden aus Baden und der Saarpfalz werden nach Südfrankreich deportiert.

15.11. Der jüdische Wohnbezirk (das Warschauer Ghetto) in der polnischen Hauptstadt Warschau wird von deutschen Sicherungskräften systematisch abgeriegelt. Rund 400.000 Juden werden eingeschlossen und müssen auf engstem Raum unter menschenverachtenden Bedingungen leben.

1941

19.02. Gegen den Widerstand von Pastor Friedrich von Bodelschwingh, dem Leiter der Heil- und Pflegeanstalt Bethel, beginnt die Euthanasie-Kommission („T4") mit der Erfassung der Kranken. Diese sogenannten „Ballastexistenzen" werden je nach Schwere Ihrer Krankheiten in „Euthanasie-Anstalten" überführt und dort ermordet.

26.02. Carl Krauch, Direktor der IG-Farben, erwirkt beim Reichsführer SS, Heinrich Himmler, die Genehmigung zum Bau einer Buna-Fabrik in Auschwitz durch die Häftlinge des Konzentrationslagers. Wenige Tage später, am 1. März, weist Himmler den KZ-Kommandanten Rudolf Höß an, mit dem Bau des Werkes zu be-

---

[73] Einen Überblick über die Erforschung der Geschichte des Konzentrations- und Vernichtungslagers Auschwitz-Birkenau und die Detaildarstellung von tagesspezifischen Ereignissen auf Basis der Akten des Prozesses (21 Bde.) gegen den ehemaligen Lagerkommandanten Rudolf Höß und des Krakau-Prozesses (7 Bde.) gegen 40 Angehörige der SS vermittelt die Arbeit von Czech 1989. Darin zu finden ist der Übersichtsplan des „Interessengebietes" Auschwitz (ebd., S. 25 - 27). Siehe hierzu auch: Friedman 1946; Piper 1991, S. 49 - 103.

Historische Zeittafel

ginnen. Für die Errichtung der Fabrikanlagen werden mehr als 10.000 Häftlinge eingesetzt.

06.06. Der Kommissarbefehl („Richtlinien für die Behandlung politischer Kommissare"): Dieser vom Oberkommando der Wehrmacht herausgegebene Befehl sieht die sofortige uneingeschränkte Liquidierung gefangengenommener Kommissare (als Träger der kommunistischen Ideologie) vor. Mit der Erledigung dieser „Sonderaufgaben" - darunter fiel auch die Tötung der Ostjuden - werden die Einsatzpruppen des Sicherheitsdienstes (SD) beauftragt.

05.12. Die SS beginnt im Vernichtungslager Chelmno (deutsch: Kulmhof bei Bromberg) mit Massentötungen an Juden. Als „Vergasungsanlagen" dienen entsprechend umfunktionierte Lastkraftwagen.

1942

20.01. Die „Wannseekonferenz"[74]: Erarbeitung der sogenannten (formalbürokratischen) „Endlösung", die eine systematische Ausrottung der Juden in Deutschland und in den von den Deutschen besetzten Gebieten vorsieht. Dieser „Endlösung", u.a. durchgeführt in den Vernichtungslagern Auschwitz-Birkenau, Belzec, Chelmno, Majdanek, Sobibor, Treblinka fallen rd. 5,8 Millionen Menschen[75]

---

[74] Auf dem Höhepunkt der nationalsozialistischen „Machtausdehnung" wandte sich die NS-Führung der Behandlung, einer endgültigen (radikalen) Lösung, der „Judenfrage" zu. Zu diesem Zwecke trafen sich in einer Villa am Großen Wannsee 56/58 (Stadtrand von Berlin) u.a. Gauleiter Dr. Meyer, Reichsamtleiter Dr. Leibbrandt (beide, Reichsministerium für die besetzten Ostgebiete), Staatssekretär Dr. Stuckart (Reichsinnenministerium), Staatssekretär Neumann, Staatssekretär Dr. Freisler (Reichsjustizministerium), Staatssekretär Bühler (Generalgouvernement), Unterstaatssekretär Dr. Luther (Reichsaußenministerium), SS-Oberführer Klopfer (Parteikanzlei), Ministerialdirektor Kritzinger (Reichskanzlei), SS-Gruppenführer Hofmann (Rassen- und Siedlungsamt), SS-Gruppenführer Müller, SS-Obersturmbannführer Eichmann (Reichssicherheitshauptamt), SS-Oberführer Dr. Schongarth (Gestapo und SD), SS-Sturmbannführer Dr. Lange (Gestapo und SD) sowie der Chef der Gestapo und des SD SS-Obergruppenführer Heydrich, um das Procedere und die Zuständigkeiten für die finale Lösung der „Judenfrage" festzulegen. Details sind aufzufinden im Wannsee-Protokoll (www.yale.edu/lawweb/avalon/wannsee.htm) sowie bei Jäckel/Rohwer (Hrsg.) 1985 und Pätzold/Schwarz 1992.

[75] Auch hier differieren in den vorhandenen Quellen die Angaben über die vermutete Anzahl der getöteten Personen. Die Zusammenstellung bei Jäckel/Longerich/Schoeps (1998, S. 1737) basiert auf neueren Veröffentlichungen der internationalen Juden- bzw. Israelforschung, die mit großer Intensität versucht hat, möglichst genaue Daten zu ermitteln. So weisen die Herausgeber richti-

Vergessen kann man es nie.....

(davon alleine in Polen rd. 2,4 Mio.) zum Opfer (Adam 1972; Lamm 1984, S. 302 - 324; Reitlinger 1956 - siehe hierzu auch: *Diagramm 1*).

12.05. In Auschwitz-Birkenau werden 1.500 Juden in einer ersten peinlich genau datierten Massenvernichtung durch Gas[76] (Zyklon B) getötet.

27.05. Auf den SS-Obergruppenführer und stellv. Reichsprotektor in Böhmen und Mähren Reinhard Heydrich (1904 - 1942), wird in Prag ein Attentat[77] (gegen 10.30 h) verübt. An den Folgen dieses Anschlages stirbt Heydrich am 4. Juni.

---

gerweise auf die Vorteile des angewandten „Zählverfahrens" hin: *"Die im folgenden zusammengestellte Statistik ist von besonderem Interesse, weil sie nicht von einem einzelnen Forscher stammt, sondern von mehreren, auf ihren jeweiligen Fachgebieten arbeitenden Wissenschaftlern. Dieses Verfahren bietet einen wesentlichen Vorteil: Es erbringt eine fundiertere und detailliertere Analyse für die einzelnen Länder und schließt zahlreiche durch Überschneidungen von Zahlen verursachte Verzerrungen aus."* Die Höhe der ermordeten Juden wird mit 5,596 (mindestens) bzw. 5,860 Millionen Menschen (maximal) errechnet. Bezogen auf die in der zuvor genannten Aufstellung ursprünglich lebende jüdische Bevölkerung (9,797 Millionen) der hier aufgeführten 22 Länder wurde ein jüdischer Bevölkerungsanteil von mehr als 57 Prozent von den Nazis umgebracht (ebd. 1998, S. 1737 - 1741). Siehe hierzu auch: Benz (Hrsg.) 1991. Zum Thema "Holocaust" verweisen wir insbesondere auf die Gesamtdarstellungen von Aly 1998; Bauer 1985; Benz 1999; Breitmann 1996; Gilbert 1983 und 1986; Help-Report 1999, S. 27 - 47; Hilberg 1999; Marrus (Hrsg.) 1989; Rosh/Jäckel 1991; Yahil 1990.

[76] Siehe hierzu auch: Kogon/Langbein/Rückerl et al. (Hrsg.) 1983. Bereits am 3. September 1941 wurde von der SS eine erste Tötungsaktion mit Zyklon B (vergast wurden 600 sowjetische Kriegsgefangene und 250 andere Personen) in Auschwitz durchgeführt (Jäckel/Longerich/Schoeps 1998, S. 117 f.). Danach wurden in Auschwitz-Birkenau (Auschwitz II) 4 größere Gaskammern errichtet, in denen täglich je 6.000 Menschen getötet werden konnten. Siehe hierzu auch: Kalthoff/Werner 1998; Pressac 1989. Hergestellt wurde Zyklon B von der Firma Degesch, einer Tochterfirma der I.G. Farben (www.spectacle.org/695/zyklonb.htm).

[77] Daß Hitler diesem Attentat eine besondere Bedeutung beimaß, läßt sich aus zwei von ihm formulierten Befehlen ableiten, die er noch am Tage des Attentats ausgab. Hitler: *„Wer den Tätern irgendwelche Hilfe gewährt oder ihren Aufenthaltsort kennt und dies nicht der Polizei meldet, wird mit seiner ganzen Familie erschossen. [...] Als Sühnemaßnahme sind 10.000 verdächtige Tschechen oder solche, die politisch etwas auf dem Kerbholz haben, zu ergreifen bzw. soweit sie bereits in Haft sind, in den Konzentrationslagern zu erschießen, "* Durch Intervention des Staatsministers für Böhmen und Mähren Karl Hermann Frank, der 1946 vom tschechoslowakischen Volksgericht auf Grund seiner Verbrechen gegen die Menschlichkeit zum Tode verurteilt und am 20. Mai 1946 hingerichtet wurde, nahm Hitler diesen „Erschießungsbefehl" zurück (Deschner 1992, S. 272).

Historische Zeittafel

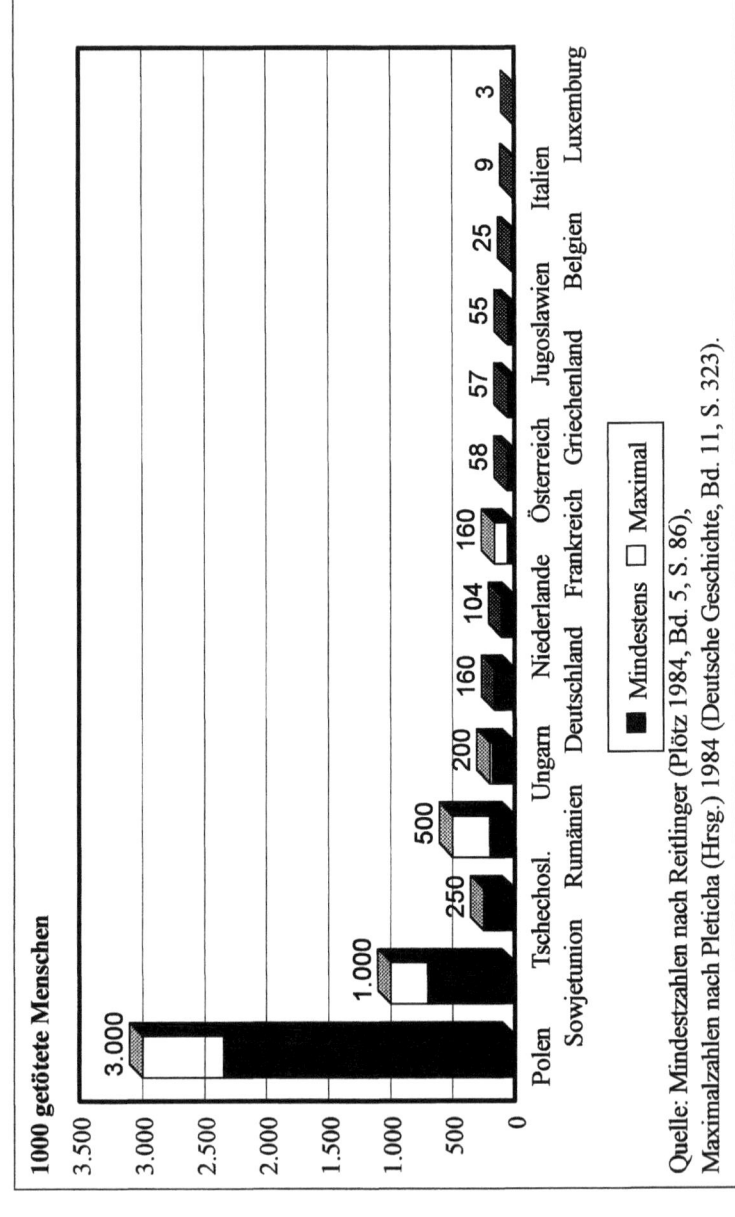

Diagramm 1
Die Folgen der Wannseekonferenz: Die Ausrottung der Juden in Europa

Quelle: Mindestzahlen nach Reitlinger (Plötz 1984, Bd. 5, S. 86),
Maximalzahlen nach Pleticha (Hrsg.) 1984 (Deutsche Geschichte, Bd. 11, S. 323).

Vergessen kann man es nie.....

10.06.	Das tschechische Dorf Lidice wird als Vergeltung für den Tod Heydrichs dem Erdboden gleichgemacht. Alle männlichen Einwohner werden von den Kräften der deutschen Sicherungspolizei getötet[78]; Frauen und Kinder in das Konzentrationslager Ravensbrück deportiert.
22.07.	Aus dem Warschauer-Ghetto beginnt der Abtransport von insgesamt rd. 350.000 Juden in das Vernichtungslager Treblinka.
16.12.	Die organisatorischen Regelungen, der sog. „Himmler-Erlaß[79]", zur „Einsammlung" und Einweisung von deutschen Sinti und Roma in die Konzentrationslager, bewirkten in den meisten Fällen deren physische Vernichtung.

---

[78] Insgesamt wurden 199 männliche Personen erschossen; 184 Frauen - davon kehrten 143 nach dem Krieg in ihre Heimat zurück - wurden in das Konzentrationslager Ravensbrück gebracht. Von den 98 Kindern wurden 90 Kinder in das Lager "Gneisenau" (Wartheland) deportiert; 8 Kinder kamen zu deutschen „Adoptiveltern". „Von den Kindern wurden nach dem Krieg nur 16 wiedergefunden" (Deschner 1992, S. 300). Den Aufzeichnungen Deschners zufolge wurden infolge des Heydrich-Attentats in der Zeit vom 28. Mai bis 1. September 1942 insgesamt 1357 Tschechen von den eingesetzten Standgerichten zum Tode verurteilt und sofort hingerichtet (ebd. 1992, S. 303). Auch die Juden blieben von den Ereignissen im Zusammenhang mit dem Tod Heydrichs nicht unverschont. Mit der „Aktion Reinhard" (insbesondere durchgeführt in den Konzentrationslagern Belzec, Sobibor und Treblinka ab Anfang 1942) setzte nun eine beschleunigte Deportation der Juden in die Vernichtungslager ein; im Konzentrationslager Ravensbrück wurden an jüdischen Lagerinsassen Humanversuche (mit Sulfonamiden) durchgeführt (Mitscherlich/Mielke 1960, S. 132 ff.).
[79] Darin hieß es u.a.: „Zigeunermischlinge, Rom-Zigeuner und nicht deutschblütige Angehörige zigeunerischer Sippen balkanischer Herkunft" sind „nach bestimmten Richtlinien auszuwählen und in einer Aktion von wenigen Wochen Dauer (Unterstreichung durch den Vf.) in ein Konzentrationslager einzuweisen." Aufbauend auf den Anweisungen Himmlers erstellte das Reichssicherheitshauptamt (in typisch deutscher Gründlichkeit) die dazu „notwendigen" Durchführungsbestimmungen (29. Januar 1943). Ähnlich wie Josef Mengele, der im Vernichtungslager Auschwitz „wissenschaftliche Experimente" an Juden - aber auch an Romas und Sintis - durchführte, wurde unter dem Leiter der „Rassenhygienischen Forschungsstelle [die Abteilung 'L3' im Reichsgesundheitsamt]", Dr. Robert Ritter, die rassenideologische Vernichtungspolitik des nationalsozialistischen Regimes in grauenhafter Weise auf die Roma und Sinti angewendet. Ritter wurde nach Ende des Zweiten Weltkrieges für sein menschenverachtendes Tun juristisch nicht zur Verantwortung gezogen, im Gegenteil: Im Jahre 1947 bestellte man Ritter zum Leiter der Frankfurter Fürsorgestelle für „Gemüts- und Nervenkranke". Ein gegen ihn eingeleitetes Ermittlungsverfahren im Jahre 1950 endete erfolglos. Siehe hierzu auch: M. Zimmermann 1992, S. 333 - 344 und 1996 sowie Stichtag 1. Januar 1934.

Historische Zeittafel

1943

19.04. - 16.05. Bei einer von der SS geplanten Deportationsaktion kommt es zum Aufstand[80] der Juden im Warschauer Ghetto. Unter Führung von SS-Brigadeführer Jürgen Stroop benötigen die eingesetzten SS- und Polizeiverbände einen Monat, um den Widerstand der Juden zu brechen. Insgesamt fordert der Aufstand rd. 56.000 jüdische Opfer. Infolge dieser Ereignisse befiehlt Himmler die Liquidierung aller Ghettobewohner in den von den Deutschen besetzten Gebieten.

30.05. In einer ersten „Säuberungsaktion" werden auf Anweisung von Josef Mengele hunderte von Sinti und Roma, die angeblich an Typhus erkrankt sein sollen, vergast (siehe hierzu auch: Fn. 79).

1944

04.05. Im rumänischen Oradea werden rd. 20.000 Juden ins Ghetto gesperrt, nachdem die deutsche und ungarische Armee ihnen zuvor Besitz und Vermögen genommen hatten. Mehr als 2.500 Männer werden zur Zwangsarbeit gezwungen. Wenige Wochen später werden alle nach Auschwitz deportiert und dort umgebracht.

15.05. Das "Sonderkommando Eichmann (Adolf, 1906 - 1962)[81]" beginnt mit der Deportation von rd. 380.000 (meist) ungarischen Juden in

---

[80] Wir verweisen in diesem Zusammenhang auf die Darstellungen bei: The Avalon Project at the Yale Law School - Nazi Conspiracy and Aggression Volume 3, Document No. 1061-PS - The Stroop Report 2000. Es handelt sich hier um eine sehr detaillierte Aufzeichnung der Vorgänge bei der Niederschlagung des Aufstandes durch die Waffen-SS bzw. durch die deutsche Wehrmacht. Dieser Bericht ist im Internet abzurufen unter www.yale.edu/lawweb/avalon/imt/document/1061-ps.htm Eine Autobiographie des jüdischen Widerstandskampfes im Warschauer Ghetto stammt von Vladka Meed (1999). Zum Thema „Widerstand der Juden gegen das Hitlerregime" siehe hierzu auch: Ainsztein 1993 a/b; Dawidowicz, 1979; Lustiger 1994; Poliakow/Wulf 1955.

[81] Siehe hierzu auch: Lang 1982. Mit welcher unvorstellbaren Grausamkeit die „Endlösung" von den Nazis durchgeführt wurde, läßt sich der Niederschrift vom 4. Mai 1945 des SS-Obersturmführers K. Gerstein entnehmen. Darin heißt es: *"Am Morgen um kurz vor sieben Uhr kündigt man mir an: in zehn Minuten kommt der erste Transport! Tatsächlich kam nach einigen Minuten der erste Zug von Lemberg aus an. 45 Waggons mit 6700 Menschen, von denen 1450 schon tot waren bei ihrer Ankunft. Hinter den vergitterten Luken schauten, entsetzlich bleich und ängstlich, Kinder durch, die Augen voll Todesangst, ferner Männer und Frauen. Der Zug fährt ein: 200 Ukrainer reißen die Türen auf und peitschen die Leute mit ihren Lederpeitschen aus den Waggons heraus. [...] Sie steigen die kleine Treppe herauf, und dann sehen sie alles. Mütter mit ihren*

Vergessen kann man es nie.....

das Vernichtungslager Auschwitz Anderen Quellen zufolge war die Zahl der deportierten Juden noch höher. Bei Jäkkel/Longerich/Schoeps (1998, S. 1705) werden insgesamt 437.000 Personen genannt (siehe hierzu auch: Landau [Hrsg.] 1961).

04.08. Die im Jahre 1929 (12. Juni) in Frankfurt geborene und nach den Niederlanden emigrierte (1942) Jüdin Annelies Marie Frank wird von den Nationalsozialisten in Amsterdam aufgespürt und verhaftet. Das von ihr verfaßte Tagebuch[82] (ab dem 12. Juni 1942 bis

Kindern an der Brust, kleine nackte Kinder, Erwachsene, Männer und Frauen, alle nackt - sie zögern, aber sie treten in die Todeskammern [...]. Die Kammern füllen sich. Gut vollpacken - so hat es der Hauptmann Wirth befohlen. Die Menschen stehen einander auf den Füßen. 700 bis 800 auf 25 Quadratmetern in 45 Kubikmetern! [...] Nach 2 Stunden 49 Minuten - die Stoppuhr hat alles registriert - springt der Diesel an. Bis zu diesem Augenblick leben die Menschen in diesen vier Kammern, viermal 750 Menschen in viermal 45 Kubikmetern! - Von neuen verstreichen 25 Minuten. Richtig, viele sind jetzt tot. Man sieht das durch kleine Fensterchen, in dem das elektrische Licht die Kammern einen Augenblick lang beleuchtet. Nach 28 Minuten leben nur noch wenige. Endlich, nach 32 Minuten ist alles tot. [...] Die nackten Leichen werden auf Holztragen nur wenige Meter weit in Gruben von 100 mal 20 mal 12 Meter geschleppt. Nach einigen Tagen gärten die Leichen hoch und fielen alsdann kurze Zeit später stark zusammen, so daß man eine neue Schicht auf dieselben draufwerfen konnte. Dann wurde zehn Zentimeter Sand darüber gestreut, so daß nur noch vereinzelte Köpfe und Arme herausragten." (ebd. 1953, S. 189). Eichmann selbst, der innerhalb der Organisation des Reichssicherheitshauptamtes (RSHA) zunächst zum Leiter des „Umsiedlungsreferats" - später zum Leiter des Referats IV B 4 („Politische Kirchen, Sekten und Juden") - aufrückte, war maßgeblich an der Entwicklung der zentralen Pläne für die Vertreibung, Deportation und die Vernichtung der Juden aus Deutschland und den von den Deutschen besetzten Gebieten beteiligt. Im Mai 1960 konnte er in seinem argentinischen Exil von israelischen Agenten aufgegriffen und nach Jerusalem gebracht werden, wo ihm - unter großer internationaler journalistischer Beobachtung - der Prozeß gemacht wurde. Generalstaatsanwalt Gideon Hausner reichte am 21. Februar 1961 die Anklageschrift ein; sie enthielt 15 Anklagepunkte, u.a. „Verbrechen gegen das jüdische Volk", „Verbrechen gegen die Menschlichkeit", „Kriegsverbrechen", „Mitgliedschaft in einer feindlichen (verbrecherischen) Organisation" (SD, SS, Gestapo). Der Prozeß wurde am 10. April 1961 im „Hause des Volkes" eröffnet und endete am 15. Dezember 1961 mit dem Urteilsspruch. Eichmann wurde in allen Anklagepunkten für schuldig befunden. Das Gericht verhängte das Todesurteil gegen ihn. Auch das Berufungsgericht (Oberster Gerichtshof) bestätigte am 29. Mai 1962 das vorinstanzliche Urteil. Nach Ablehnung des Gnadengesuchs durch den israelischen Staatspräsidenten Itzhak Ben Zvi wurde Eichmann in der Nacht vom 31. Mai auf den 1. Juni 1962 durch den Strang hingerichtet. Zu Eichmann und zum Prozeßverlauf siehe hierzu auch: Arendt 1964; Hausner 1979; Less 1987. Wir verweisen bereits an dieser Stelle auf die Freigabe des „Eichmann-Tagebuches" durch den israelischen Staat (29. Februar 2000). Die Internet-Fassung (in englischer und deutscher Sprache) ist zu beziehen unter www3.haaretz.co.il/eng/scripts/print.asp?id=70672.

[82] Die Echtheit dieses Tagebuches wurde auch von einigen Historikern des öfteren angezweifelt; letztendlich konnte jedoch die Authentizität vom Niederländischen Staatlichen Institut für Kriegsdokumentation (Hrsg. 1993; von Paape et al. 1988) nachgewiesen werden. Wir verweisen auf die „Neuauflagen" dieser Aufzeichnungen, die um die bisher unveröffentlichten Texte erweitert wurden (Frank 1999). In einem Nachwort des Buches von M. Müller (1998, S. 397) schreibt Miep

Historische Zeittafel

zu ihrer Ergreifung) bleibt unentdeckt. An Typhus erkrankt, stirbt Annelies Marie Frank im März des Jahres 1945 im Konzentrationslager Bergen-Belsen.

06.11. Die „Provisorische Regierung Frankreichs" setzt in Paris alle gegen die Juden gerichteten Diskriminierungsgesetze außer Kraft.

27.11. Im Vernichtungslager Auschwitz-Birkenau werden die letzten Vergasungen im Rahmen des nationalsozialistischen Massenmordens an europäischen Juden durchgeführt. Auf Anordnung des „Reichsführers SS" (Heinrich Himmler) werden die Krematorien und Gaskammern wegen der bevorstehenden Befreiung des Lagers zerstört. Die Häftlinge werden in andere Konzentrationslager - u.a. Dachau und Bergen-Belsen - verlegt.

1945

27.01. Das KZ und Vernichtungslager Auschwitz wird von der einrückenden Roten Armee befreit. Dieses größte von den Deutschen errichtete Massenvernichtungslager, in dem rd. 3,0 Mio. Menschen umgebracht (rd. 2,5 Mio. wurden vergast und verbrannt, 0,5 Mio. starben an den Folgen von Krankheiten, Hunger und Kälte) wurden, vermittelt den Sowjets bei deren Einrücken ein Bild des Grauens.

08.04. Auf Grund der anrückenden US-Truppen wird das KZ Buchenwald geräumt. Die Wachmannschaften überführen alle jüdischen Häftlinge in das KZ Flossenbürg. Am folgenden Tag werden die am Widerstand gegen Hitler beteiligten Systemgegner (u.a. der Theologe Dietrich Bonhoeffer, der Admiral und Abwehrchef Wilhelm Canaris [*1887] und Generalmajor Hans Oster) von den Nazis ermordet.

Gies: *"Durch ihr Tagebuch lebt Anne Frank nun wirklich weiter. Sie steht für den Sieg über das Böse und den Tod."* In ihrer eigenen Veröffentlichung lautet der letzte Satz: *"Es vergeht kein Tag an dem ich nicht um sie trauere"* (Gies 1999, S. 247). Siehe hierzu auch: Bitterli et al. 1995; Evangelischer Presseverband für Westfalen (Hrsg.) 1989; Gold 1998 a/b; Lindwer 1993; Schnabel 1958; van Maarsen 1996. Eine vielschichtige Auseinandersetzung mit der nationalsozialistischen Herrschaft und Besatzungszeit in den Niederlanden beinhaltet die von Fasse/ten Cate/Lademacher (2000) herausgegebene Arbeit.

Vergessen kann man es nie.....

12.04.	Rd. 20.000 Häftlinge, die sich noch im Konzentrationslager Buchenwald (bei Weimar) befinden, werden von US-amerikanischen Truppen befreit.
15.04.	Das Konzentrationslager Bergen-Belsen wird von britischen Truppen befreit.
28.04.	Die Insassen (rd. 70.000) des Konzentrationslagers Dachau werden von Einheiten der 7. US-Armee befreit.
09.05.	Im sowjetischen Hauptquartier in Berlin-Karlshorst unterzeichnen Generalfeldmarschall Wilhelm Keitel ([1882 - 1946] Chef des OKW), der Oberbefehlshaber der Kriegsmarine Admiral Hans-Georg von Friedeburg (1893 - 1945) und für die Luftwaffe der Generaloberst H.-J. Stumpff (1889 - 1968) die Gesamtkapitulation der deutschen Wehrmacht. Damit übernehmen die Alliierten (USA, Sowjetunion, Großbritannien und Frankreich) die Regierungsgewalt in Deutschland und beenden somit die Periode der nationalsozialistischen Herrschaft. Nur etwa 15.000 jüdische Bürger überlebten das NS-Massaker in Deutschland.

6. Abkürzungsverzeichnis

AdR	Akten der Reichskanzlei
Anm.	Anmerkung
BDM	Bund Deutscher Mädel
CDU	Christlich Demokratische Union
D	Deutschland (auch Bundesrepublik Deutschland)
DAP	Deutsche Arbeiterpartei
DAF	Deutsche Arbeiterfront
DJ	Deutsches Jungvolk
DVP	Deutsche Volkspartei
EAC	European Advisory Commission (Europäische Beratende Kommission)
EKD	Evangelische Kirche Deutschlands
ERP	European Recovery Program (Marshallplan)
F.D.P.	Freie Demokratische Partei
Fn.	Fußnote
franz.	französisch
Frhr.	Freiherr (dt. Adelstitel)
GBl.	Gesetzblatt
Gestapo	Geheime Staatspolizei
GG	Grundgesetz der Bundesrepublik Deutschland
gr.	griechisch
HJ	Hitlerjugend
HW	Hauptwerk
IKL	Inspektion der Konzentrationslager
JM	Jungmädel
KdF	Kraft durch Freude (Kultur- und Freizeitwerk der NSDAP)
KGB	Komitet gossudarstwennoi besopasnosti (Komitee für Staatssicherheit der UdSSR)
KP	Kommunistische Partei
KPD	Kommunistische Partei Deutschlands
KPdSU	Kommunistische Partei der Sowjetunion
KTB	Kriegstagebuch
KWT	Klaus W. Tofahrn
KZ	Konzentrationslager

Abkürzungsverzeichnis

lat.	lateinisch
Ltg.	Leitung
MdR	Mitglied des Reichstages
Mio.	Million
MSPD	Mehrheitssozialdemokratische Partei Deutschlands
NS	Nationalsozialismus
NSDAP	Nationalsozialistische Deutsche Arbeiterpartei
NSDStB	Nationalsozialistischer Deutscher Studentenbund
NSKK	NS-Kraftfahrerkorps
NRZ	Neue Rhein Zeitung
OKH	Oberkommando des Heeres
OKW	Oberkommando der Wehrmacht
ONL	Oder-Neiße-Linie
PLO	Palestine Liberation Organization (Palästinensische Befreiungsorganisation)
RDI	Reichsverband der Deutschen Industrie
RM	Reichsmark
RSHA	Reichssicherheitshauptamt der SS
RUB	Ruhr-Universität Bochum
RuSHA	Rasse- und Siedlungshauptamt der SS
russ.	russisch
SA	Sturmabteilung
SD	Sicherheitsdienst
SdP	Sudetendeutsche Partei
SPD	Sozialdemokratische Partei Deutschlands
SS	Schutzstaffel
THG	Theodor-Heuss-Gymnasium, Dinslaken
UdSSR	Union der Sozialistischen Sowjetrepubliken (auch Sowjetunion)
USA	Vereinigte Staaten von Amerika
USPD	Unabhängige Solzialdemokratische Partei Deutschlands
Vf.	Verfasser (auch KWT)
WVHA	Wirtschaftsverwaltungshauptamt der SS

7. Personenregister

Adam, U.D. *123*
Ainsztein, R. *126*
Alexander II. *36*
Aly, G. *123*
Arendt, H. *105, 127*
Aronson, Shl. *104*
Astor, G. *112*
Atteslander, P. *23*

Bacon, Fr. Baron von *98*
Baeck, L. *35*
Balfour, A.J. Earl of *30*
Barkai, A. *46*
Barth, H. *98*
Bauer, Y. *123*
Bäumer, G. *28*
Bautz, Fr. J. *27*
Becker, P.E. *101*
Beckmann, J. *52*
Benz, W. *36, 38, 52, 119, 123*
Bergmann, W. *36*
Berlin, I. *34*
Bismarck, O. von *111*
Bitterli, U. *128*
Blomberg, W. von *105*
Bodelschwingh, Fr. von *121*
Bonnhoeffer, D. *52, 128*
Bouhler, Ph. *112*
Bourdieu, P. *25*
Brack, V. *113*
Brandt, K. *112, 113*
Brandt, R. *113*
Breitmann, R. *123*
Brockschmidt, J. *45*
Bubiz, Ig. *14*
Bubolz, G. *25*
Bürkner, Tr. *97*
Büscher, W. *27*

Canaris, W. *128*
Cate/J.H. ten *128*
Cavalli-Sforza, L. und Fr. *101*
Chamberlain, N. .... *48 ff., 65*

Churchill, W.S. Sir *65*
Comay, J. *35*
Conway, J.S. *52*
Crinis, M. de *112*
Czech, D. *121*

Dahrendorf, R. *34, 96*
Daladier, Ed. *49*
Daluege, K. *49, 104*
Dawidowicz, L.S. *126*
Demokrit von Abdera *107*
Descartes, R. *100*
Deschner, G. *123, 125*
Dettelbacher, W. *98*
De Tracy, D. *99*
Dohm, Chr. W. *34, 35*
Domarus, M. *103*
Dressen, W. *44*
Drexler, A. *101*
Dröscher, H.-J. *45*

Eichmann, A. *127*
Eicke, Th. *103*
Erel, Shl. *27*

Fallois, L. *103*
Fasse, N. *128*
Faust, A. *46*
Feinermann, E. *46*
Fichte, J.G. *35*
Fischer, C. *103*
Fischer, W. *46*
Förster, St. *46*
Frank, A.M. *127*
Frank, K.H. *123*
Freimark, P. *46*
Friedrich Wilhelm I. *34*
Frick, W. .... *52, 113, 117, 119 f.*
Friedeburg, H.G. von *129*
Friedländer, S. *89*
Friedman, F. *121*
Fromm, E. *89*

Personenregister

Funk, W. 45, 46, 117	*Hindenburg, P. von* 37
	Hirschfeld, G. 46
	Hitler, A. ..... 36, 46, 48 ff., 96 ff., 101 ff., 114 f.,
Galen, A. Graf von 52	120, 123, 128
Galilei, G. 107	*Höhne, H.* 103, 104
Gay, P. 89	*Höß, R.* .... 54, 104, 120 f.
Gebhardt, K. 113	*Hossenfelder, J.* 52
Genschel, H. 45	*Hoven, W.* 113
Gerstein, K. 126	*Hughes, Th.P.* 25
Gies, M. 128	*Humboldt, W. von* 95, 100
Gilbert, M. 123	*Huntzinger, Ch.L.* 66
Ginter, P. 27	*Hürten, H.* 52
Goebbels, J. .... 45, 46, 49, 115 f., 118	
Goethe, J.W. von 69	
Gold, A.L. 128	*Jaspers, C.* 5
Goldhagen, D. 14	*Jäckel, E.* .... 41,54, 112, 122 f., 127
Göpfert, R. 60	*Jamin, M.* 103
Göring, H. 45, 46	*Jessen; N.N.* 27
Gossweiler, K. 103	*Jochmann, W.* 46
Gotto, K. 52	
Graetz, H. 27	
Grafen, J. .... 61, 69 ff., 74	*Kahr, G. Ritter von* 103
Graml, H. 46	*Kalthoff, J.* 123
Graus, Fr. 34	*Kaltenbrunner, E.* 104
Gritschneder, O. 103	*Kampe, N.* 46
Gruber; K. .... 95 f.	*Kant, I.* 100
Gruchmann, L. 89	*Kareski, G.* 114
Grynzspan, H. 44	*Kaufmann, G.* 97
Gurion, D. Ben 27, 110	*Kaul, Fr. K.* 44
	Keitel, W. 66, 129
	Kerrl, H. 52
Hauser, J. 60	*Kershaw, I.* 46, 103
Hausner, G. 127	*Khanna, G.* .... 23 - 68
Hehl, U. von 51, 52	*Klemperer, V.* 44
Heiber, H. 44, 45	*Klingen, K.H.* .... 69 ff.
Heid, L. 26, 45	*Klönne, A.* .... 97 f.
Heinz, W.R. 25	*Koch, H.W.* 97
Hellfeld, M. von 97	*Kochan, L.* 46
Hendgen, H. .... 69 ff.	*Kogon, E.* 103, 105, 123
Henlein, K. .... 48 ff.	*Kohrs, P.* 97
Hersh, S.M. 27	*Kolatch, A.* 25
Herz, S. .... 21 - 68	*Kopitzsch, W.* 46
Herz, Y.S. .... 60, 62, 71 - 94	*Kraßnigg, A.* 60
Herzl, Th. 30, 110	*Krauch, C.* 121
Heyde, W. 112	*Krockow, Chr. Graf von* 45, 66
Heydrich, R. .... 45, 46, 104, 116, 122 f.	
Hilberg, R. 123	
Himmler, H. .... 52, 103, 120 f.	*Lademacher, H.* 128

Vergessen kann man es nie.....

Lamm, H. *123*
Landau, E. *127*
Lang, J. *126*
Langbein, H. *123*
Lange, de Chr. *26, 34*
Lange, H. *28*
Lauber, H. *46*
Leipniz, G.W. *100*
Lenk, K. *98*
Lepsius, M.R. *34*
Less, A.L. *127*
Leuchter, Fr. A. *14*
Lewy, G. *51*
Ley, R. *113*
Lieber, H.-J. *98*
Lindwer, W. *128*
Lippert, M. *103*
Locke, J. *99*
Longerich, P. *41, 54, 103, 112, 122, 127*
Ludwig, J. *45*
Luhmann, N. *98*
Lustiger, A. *34, 126*
Luther, M. *26, 36*
Lutz, W. *98*

Maarsen, J. von *128*
Marr, W. *33*
Marrus, M.R. *123*
Maser, W. *113*
Maurer, Tr. *45*
McAleavy, T. *64*
Meed, Vl. *126*
Meier, K. *51*
Meja, V. *98*
Mejcher, H. *64*
Mendelssohn, M. *35*
Mengele, J. *112, 125*
Mennecke, Fr. *112*
Metzger, M.J. *52*
Meyer, M.A. *26, 35*
Mielke, F. *125*
Mitscherlich, A. *125*
Mommsen, H. *45, 46*
Montesquieu, Ch. de Baron *73, 99, 101*
Morsch, G. *54, 55, 57*
Mrugowsky, J. *113*
Müller, H. *51*

Müller, L. *52*
Müller, M. *128*
Mussolini, B. („Duce") *49, 95*

Napoleon I. *35*
Nebukadnezar II. *26*
Nebusaradan *26*
Necho II. *26*
Neurath, K. Frhr. von *119*
Niemöller, G. *52*
Niemöller, M. *52*
Niemöller, W. *52*
Nitsche, P. *112*
Nolte, E. *46*
Norden, G. van *51, 52*

Ossietzky, C. von *116*
Oster, H. *128*

Paape, H. *127*
Pappe, I. *27*
Patzwall, K.D. *97*
Pätzold, K. *46, 122*
Paucker, A. *46*
Pauli, W. *108*
Pehle, W.H. *46*
Pelinka, A. *98*
Phelps, R.H. *46*
Pietschmann, H. *34*
Piper, E. *121*
Pohl, O. *104*
Poliakov, L. *46, 126*
Popper, K.R. Sir *108*
Posner, G.L. *112*
Pressac, J.-C. *123*
Primor, A. *27*

Rath, E. von *44*
Reitlinger, G. *123*
Repgen, K. *52*
Rieker, Y. *41*
Ritter, R. *125*
Röder, W. *119*
Rogasky, B. *45*

Röhm, E. 102
Rohwer, J. 122
Roizen, R. 44
Roosevelt, Fr.D. 45
Rosenkranz, H. 46
Rosh, L. 123
Roth, C. 35
Rothschild, L. 61, 62, 74
Rothschild, S. 61
Rousseau, J.J. 23
Rückerl, A. 123
Rüdiger, J. 97
Rürup, R. 104
Rummel, R.J. 46

Schacht, Hj. 115
Schirach, B. von 96, 98, 112
Schleicher, K. von 103
Schlör, J. 46
Schmitz, H. ....69 ff.
Schnabel, E. 128
Schneider, C. 112
Schoenberner, G. 45
Schoeps, J. H. .. 41, 46, 54, 112, 114, 122, 127
Schölch, A. 64
Scholder, K. 52
Schubert-Weller, Chr. 97
Schwarz, E. 122
Silbermann, Alph. 13
Sievers, W. 113
Sofsky, W. 54
Solomon, N. 35
Stehr, N. 98
Stein, L. 52
Steinbach, P. 96
Steinkamp, G. 25
Stoffers, M. 13
Strasser, G. 103
Strauss, H.A. 46
Streicher, J. 89, 114
Stumpff, H.-J. 129
Swarsensky, H. 45

Thalmann, R. 46
Tofahrn, K.W. .... 23 ff., 25, 98
Tohermes, K. 74

Tophoven, R. 27, 64
Treitschke, H. von 89

Vogelsang, Th. 103
Voigt, D. 99

Walser, M. 14
Ware, J. 112
Weber, M. 15, 108
Weinzierl, E. 46
Weiss, S. 7
Weiss, Y. 45
Werner, M. 123
Wiesel, E. 120
Wolffsohn, M. 27
Wortmann, M. 98
Wulf, J. 126
Wurmbrand, M. 35

Yablonka, H. 13
Yahil, L. 123

Zimmerman, M. 41, 125
Zuckermann, M. 27

8. Stichwortregister

Akademie für Deutsches Recht *114*
Aktion „Reinhard" *125*
Aktion „T4" *112*
Angriff der deutschen Wehrmacht *65*
Antisemiten-Liga *33*
Antisemitismus .... *33 – 36, 41, 95, 102*
(siehe hierzu auch: Exkurs)
Appeasementpolitik *49, 50*
Arbeitseinsatz im KZ *57*
Ariernachweis *114*
Attentate *44, 77, 123, 125*
Assimilierung *27*
Aufklärungsschau (Der ewige Jude) *116*
Ausschreitung gegen Juden *34*
Auschwitz-Birkenau *104, 120, 121, 125, 128*
Auswanderung, dt. Juden *38*

Balfour-Deklaration *30*
Belzec (KZ) *122, 125*
Bergen-Belsen *128*
Befreiung aus dem ‚KZ *129*
Bolschewismus *16, 105*
Boykottmaßnahmen *111, 113*
Buchenwald (KZ) .... *128 f.*
Bund Deutscher Mädel .... *96 f.*
Burschenschaften, deutsche *100*

Chef der SA *102*
Chelmno (KZ) *122*

Dachau (KZ) *37, 103, 128*
Deportationen *120, 121, 126, 127*
Deutsche Christen (siehe Kirchen)
Deutsches Jungvolk *98*
Deutscher (Staatsbürger) *102*
Diaspora *26*
Diaspora, sephardisch *26*
Diaspora, aschkenasisch *26*
Dinslaken .... *60 f.; 69 – 94*
Dünkirchen *66*

Einsatzgruppen *122*
Einwanderung nach Palästina *59*
Emanzipationsedikt (1812) *35*
Emigration .... *60 f., 93, 115, 119*
Emnid-Umfrage *13*
Endlösung *122, 126*
Erinnerungskultur *14*
Eugenik *112*
Euthanasie .... *112 f.*
Exkurs
- *Antisemitismus*   *33 - 36*
- *Jude/Jüdin*   *25 - 27*
- *Reichspogromnacht*   *44 - 47*
Expeditionscorps, britisches *66*

Faschismus *95*
Flossenbürg *128*
Friedensnobelpreis *116*

Gaskammer *123, 128*
Gaswagen (LKW) *122*
Geheime Staatspolizei *104*
Gelber Stern *119*
Generalgouvernement *120*
Generalprivileg, preußisches (1730) *34*
Gesamtkapitulation *129*
Gewalt *15*
Gewaltenteilung *100*
Ghetto .... *120 ff.*
- *Lodz*   *120*
- *Warschau*   *121, 125, 126*
Gleichschaltungsprozeß *51, 96*
Glossar .... *95 - 110*

Herrschaft *14, 15, 105*
Himmler-Erlaß *125*
Hitlerjugend .... *95 ff.*
Hitlerjugend, Kriegseinsatz .... *97 f.*
Hitlerjugend, Mitgliederzahl *97*
Hitlerjugend, Pflichtmitgliedschaft *96*
Hochschulerlaß *118*
Holocaust *33, 123*

Stichwortregister

Holocaustgedenkstätte ...... (siehe Yad Vashem)
Humanversuche 125

Identität, allgemeine 25
Identität, jüdische .... 25 ff.
Ideologie .... 15, 98 - 100
(siehe hierzu auch: Exkurs)
IG-Farben 121
IMT 105
Internierungslager der Sowjets 54
Israel 110

Jom-Kippur-Krieg 64
Judaismus .... 35, 99 f.
Juden .... 25 ff., 114
Judenfrage .... 45 f., 113, 122 ff.
Judenverfolgung .... 26, 34, 46, 119 f.
Judentum .... (siehe Judaismus)
Jugendverbände .... 96 f.
Jungmädel 98

Kaiserreich, Wilhelminisches 40
Kindertransporte .... 60 f., 87 ff.
Kirchen, christliche .... 51 f.
Kirchenwahl .... 51 f.
Kirchen, Widerstand der 52
„Klinkerwerk" 57
Knesset 27
Kommissarbefehl 122
Kommunismus 105
Konferenz von München 49
Kongreß, antijüdisch 41
Kongreß, zionistisch 30
Kontribution 46, 118
Konzentrationslager .... 37, 54 f.
(siehe Einzelauflistung KZ)
Kristallnacht .... (siehe Reichspogromnacht)
Kultur 100

Land-Transfer-Regulation 59
Leuchter-Report 14
Libanonfeldzug 64
Liberalismus .... 33, 100 f.
Lidice 125

Liquidierung von Kommissaren 122

Macht 15
Mittelalter 34

Nahostkonflikt 64
Namensänderungsverordnung 119
Namenszusatz 117
Nationalismus 34, 95, 102
Nationalversammlung, franz. 34
NSDAP, Jugendverbände .... 96 f.
NSDAP, Mitgliederstand 29
NSDAP, Parteitag 114
NSDAP, Programm 44, 101
Nürnberger-Folgeprozesse 112
Nürnberger Gesetze 38, 39, 45, 114, 117
Nürnberg, Parteitag 114

Oranienburg (KZ) 54
Organisationen, verbrecherische 105
Orthodoxie 35, 99

Palästina 59, 114
Papenburg-Esterwegen (KZ) 116
Pogrom 34, 43, 111
Psalm 137 26
Proklamation (Israel) 110
Protektorat (Böhmen und Mähren) 119
Putschversuch 102

Rassendiskriminierung 114
Rassismus .... 101 f.
Ravensbrück 125
Reconquista 34
Reformjudentum 99
Reichsführer SS .... 103 f., 120 f., 128
Reichspogromnacht ...... 44 ff., 47 ff., 75 ff., 117
(siehe hierzu auch: Exkurs)
Reichspogromnacht in Dinslaken .... 75 - 94
Reichstagswahlen (1930, 1932) 29
Röhm-Affäre 103

Vergessen kann man es nie.....

Sachsenhausen (KZ) .... *54 ff.*
Schutzstaffel .... *103 – 105, 120 ff.*
Schutzstaffel, Hauptämter *104*
Schutzstaffel, Personalstärke *104*
Schutzstaffel, Totenkopfverbände .... *104 f.*
Schutzstaffel, Verwaltungsaufbau *104*
Sechs-Tage-Krieg *64*
Semiten *36*
Sensualismus *99*
Sicherheitsdienst *104, 122*
Sinaifeldzug *64*
Sobibor (KZ) *122, 125*
Sonnenburg (KZ) *116*
Sonderkommando Eichmann *126*
Sturmabteilung .... *102 f., 111, 113*
Sturmabteilung, Mitgliederzahl *102*

The Avalon-Project *126*
Tötungsaktion .... *122 f.*
Totalitarismus .... *105 f.*
Treblinka (KZ) *122, 125*

Utilitätshypothese *98*

Vergasungsanlagen *122, 123, 128*
Vernichtungslager (siehe Konzentrationslager)
Virginia Bill of Rights *100*
Volksgenosse *102*

Waffen-SS .... *104 f.*
Waisenhaus, Dinslaken .... *60 f., 73 ff.*
Wannseekonferenz .... *122 f.*
Wannseeprotokoll *122*
Wert *106*
Westfeldzug der Wehrmacht *65*
Widerstand der Juden *126*
Wiener Kongreß (Schlußakte) *36*
Wissenschaft .... *106 - 109*

Yad Vashem *13, 72*

Zerschlagung der Tschechoslowakei .... *48 f.*

Zionismus *30, 35, 110*
Zionistenkongreß *114*
Zyklon B *123*

9. Literaturverzeichnis

Adam, U.D. 1972: Judenpolitik im Dritten Reich. Düsseldorf.
Ainsztein, R. 1993 a: Jüdischer Widerstand im deutschbesetzten Osteuropa während des Zweiten Weltkrieges. Oldenburg.
Ainsztein, R. 1993 b: Revolte gegen die Vernichtung. Der Aufstand im Warschauer Ghetto (Aus dem Englischen von J. Paulsen). Berlin.
Aly, G. 1998: Endlösung. Völkerverschiebung und der Mord an den europäischen Juden. Frankfurt/a.M.
Arendt, H. 1964: Eichmann in Jerusalem. München.
Arendt, H. 1986: Elemente und Ursprünge totaler Herrschaft. Zürich.
Aronson, Shl. 1971: Reinhard Heydrich und die Frühgeschichte von Gestapo und SD. Stuttgart.
Astor, G. 1985: The >>Last<< Nazi. The Life und Times of Dr. Joseph Mengele. New York.
Atteslander, P. 1984: Methoden der empirischen Sozialforschung (5., völlig neu bearb. und erweit. Aufl.). Berlin, New York.
Baeck, L. 1995: Das Wesen des Judentums (6. Aufl.). Wiesbaden.
Barkai, A. 1986: >>Schicksalsjahr 1938<< Kontinuität und Verschärfung der wirtschaftlichen Ausplünderung der deutschen Juden. In: U. Büttner (Hrsg.), Internationale Forschung über den Nationalsozialismus (Bd. 2, Festschrift für W. Jochmann zum 65. Geburtstag, S. 45 - 68). Hamburg.
Barth, H. 1961: Wahrheit und Ideologie (2. Aufl.). Erlenbach, Zürich, Stuttgart.
Bauer, Y. 1985: A History of the Holocaust. New York, London.
Bautz, Fr. J. (Hrsg.) 1996: Geschichte der Juden. Von der biblischen Zeit bis zur Gegenwart (5. Aufl.). München.
Becker, P.E. 1990: Sozialdarwinismus, Rassismus, Antisemitismus und völkischer Gedanke. Stuttgart.
Beckmann, J. (Hrsg.) 1976: Richtlinien der Glaubensbewegung >>Deutsche Christen<<, 26. Mai 1932 (Kirchliches Jahrbuch für die Evangelische Kirche in Deutschland 1933 - 1944). Gütersloh.
Benz, W. (Hrsg.) 1991: Dimensionen des Völkermords. Die Zahl der jüdischen Opfer des Nationalsozialismus. München.
Benz, W. 1994: Kirchen - Selbstbehauptung und Opposition. In: Informationen zur politischen Bildung (H. 243, S. 16 - 21). Bonn.
Benz, W. 1997: Die Juden im Dritten Reich. Die deutschen Juden und der Nationalsozialismus – Selbstverständnis und Bedrohung. In: W. Benz/W. Bergmann (Hrsg.), Vorurteil und Völkermord. Entwicklungslinien des Antisemitismus (S. 365 – 394). Freiburg im Breisgau.
Benz, W. 1998: Auswandern aus Deutschland. Einwandern in Palästina. In: H. Lichtenstein/O.R. Romberg (Hrsg.), Fünfzig Jahre Israel: Vision und Wirklichkeit (Bundeszentrale für politische Bildung, Bd. 353, S. 42 - 51). Bonn.
Benz, W. 1999: Der Holocaust (4. Aufl.). München.
Benz, W./W. Bergmann (Hrsg.) 1997: Vom Vorurteil zum Völkermord. Entwicklungslinien des Antisemitismus. Bonn.
Berlin, I. 1993: Der gekrümmte Zweig. Über den Aufstieg des Nationalismus. In: M. Jeismann/H. Ritter (Hrsg.), Grenzfälle. Über den neuen und alten Nationalismus (S. 146 – 193). Leipzig.
Bitterli, U. et al. 1995: Anne Frank und wir. Zürich.
Botschaft des Staates Israel (o.J.): Der Friedensprozeß im Nahen Osten. Ein Überblick (Informationen aus Israel - Hintergrund - hrsg. von der Presse und Informationsabteilung).

Literaturverzeichnis

Botschaft des Staates Israel 1994: Die erste Phase: Das „Gaza-Jericho-Abkommen". Die palästinensische Selbstverwaltung im Gaza-Streifen und im Gebiet von Jericho - hrsg. von der Presse- und Informations-Abteilung.
Bourdieu, P. 1987: Die feinen Unterschiede. Kritik der gesellschaftlichen Urteilskraft (Aus dem Französischen von B. Schwibs und A. Russer). Frankfurt/a.M.
Breitmann, R. 1996: Der Architekt der >>Endlösung<<. Himmler und die Vernichtung der europäischen Juden (Original: The Architect of Genocide. Himmler and the Final Solution, New York 1991). Paderborn.
Brockhaus Enzyklopädie 1993 (Bd. 22). Mannheim.
Brockschmidt, J. 1997: Zur Deportation der „Ostjuden". Der Erlebnisbericht von Susi Schmerler. In: Sachor - Zeitschrift für Antisemitismusforschung, jüdische Geschichte und Gegenwart (Band 7 - Deutsche - Juden Polen: Aspekte einer wechselvollen Beziehung, S. 60 - 62). Essen.
Brükner, Tr. 1937: Der Bund Deutscher Mädel in der Hitlerjugend. Berlin.
Bubolz, G. (Hrsg.) 1996: Religions-Lexikon. Daten, Fakten und Zusammenhänge (3. Aufl.). Berlin.
Bundeszentrale für politische Bildung (Hrsg.) 1991: Informationen zur politischen Bildung. Der Nationalsozialismus (Nr. 123/126/127, Neudruck 1991). Bonn.
Büscher, W. 1998: Der Kampf um Zion. In: GEO. Das neue Bild der Erde (Nr. 4, S. 154 - 171). Hamburg.
Cavalli-Sforza, L. und Fr. 1994: Verschieden und doch gleich. Ein Genetiker entzieht dem Rassismus die Grundlage. München.
Comay, J. 1994: The Diaspora Story. Tel Aviv.
Conway, J.S. 1969: Die nationalsozialistische Kirchenpolitik 1933 - 1945. Ihre Ziele, Widersprüche und Fehlschläge (Aus dem Englischen von C. Nicolaisen). München.
Czech, D. 1989: Kalendarium der Ereignisse im KZ Auschwitz-Birkenau 1939 - 1945. Reinbek bei Hamburg.
Dahrendorf, R. 1965: Gesellschaft und Demokratie in Deutschland. München.
Dahrendorf, R. 1993: Die Sache mit der Nation. In: M. Jeismann/H. Ritter (Hrsg.), Grenzfälle. Über den neuen und alten Nationalismus (S. 101 – 118). Leipzig.
Dawidowicz, L.S. 1979: Der Krieg gegen die Juden 1933 - 1945. München.
Deschner, G. 1992: Reinhard Heydrich. Statthalter der totalen Macht (3. Aufl.). Esslingen am Nekkar.
Dettelbacher, W. 1984: Die Jugendbewegung. In: H. Pleticha (Hrsg.), Deutsche Geschichte in 12 Bänden (Bd. 11: Republik und Diktatur 1918 - 1945, S. 117 - 127). Gütersloh.
Die 25 Punkte des Programms der NSDAP. In: Bayerisches Hauptstaatsarchiv München.
Domarus, M. (Hrsg.) 1973: Hitler. Reden und Proklamationen 1933 - 1945 (2 Bde.). Wiesbaden.
Dressen, W. 1997: Die Vernichtungslager. In: H. Lichtenstein/O.R. Romberg (Hrsg.), Täter - Opfer - Folgen. Der Holocaust in Geschichte und Gegenwart (Bundeszentrale für politische Bildung, Schriftenreihe Bd. 335, 2. erweit. Aufl., S. 38 - 48). Bonn.
Dröscher, H.-J. 1998: >>Reichskristallnacht<< Die Novemberpogrome 1938. Augsburg.
Erel, Shl. 1983: Neue Wurzeln. 50 Jahre Immigration deutschsprachiger Juden in Israel.
Evangelischer Presseverband für Westfalen (Hrsg.) 1989: Botschaft eines Kindes (mit einem Vorwort von W. Everding). Bielefeld.
Fallois, I. von 1994: Kalkül und Illusion. Der Machtkampf zwischen Reichswehr und SA während der Röhm-Krise 1934. Berlin.
Fasse, N./J.H. ten Cate/H. Lademacher (Hrsg.) 2000: Nationalsozialistische Herrschaft und Besatzungszeit. Historische Erfahrung und Verarbeitung aus niederländischer und deutscher Sicht. (Bd. 1, Studien zur Geschichte und Kultur Nordwesteuropas). Münster, New York, München, Berlin.

Vergessen kann man es nie.....

Faust, A. 1987: Die Kristallnacht im Rheinland. Dokumente zum Judenpogrom im November 1938. Düsseldorf.
Fischer, C. 1989: Ernst Julius Röhm - Stabschef der SA und unentbehrlicher Außenseiter. In: R. Smelser/R. Zitelmann (Hrsg.), Die braune Elite. 22 biographische Skizzen (S. 212 - 222). Darmstadt.
Fischer, W. 1961: Die Wirtschaftspolitik des NS. Hannover.
Förster, St./G. Hirschfeld (Hrsg.) 1999: Genozid in der modernen Geschichte. Jahrbuch für historische Friedensforschung. Münster.
Freimark, P./W. Kopitzsch 1978: Der 9./10. November 1938 in Deutschland. Dokumentation zur >>Kristallnacht<< Hamburg.
Friedländer, S. 1998: Das Dritte Reich und die Juden (Bd. I: Die Jahre der Verfolgung 1933 - 1939 [Aus dem Englischen von M. Pfeiffer]). München.
Friedman, F. 1946: This Was Oswiecim [Auschwitz]. London.
Fromm, E. 1974: Die Autonomie der menschlichen Destruktivität. Stuttgart.
Gay, P. 1986: In Deutschland zu Hause... Die Juden der Weimarer Zeit. In: A. Paucker (Hrsg.), Die Juden im nationalsozialistischen Deutschland 1933 - 1943 (S. 31 - 43). Tübingen.
Genschel, H. 1966: Die Verdrängung der Juden aus der Wirtschaft im Dritten Reich. Göttingen.
Gies, M. 1999 (in Zusammenarbeit mit A.L. Gold): Meine Zeit mit Anne Frank (Original: Anne Frank Remembered, 1987. Aus dem Amerikanischen von L. Julius). München.
Gilbert, M. 1983: Die Vertreibung und Vernichtung der Juden. Ein Atlas. Reinbek bei Hamburg.
Gilbert, M. 1986: 'The Holocaust. A History of the Jews of Europe during the Second World War. New York.
Goebbels, J. 1999: Joseph Goebbels Tagebücher. 1935 - 1939 (hrsg. von R.G. Reuth, Bd. 3, erweiterte Sonderausgabe). München.
Gold, A.L. 1998 a: Erinnerungen an Anne Frank. (Aus dem Englischen von M. Pressler. Mit einem Nachwort von L. Rosh). Ravensbrück.
Gold, A.L. 1998 b: Hannah Goslar Remenbers. A Childhood Friend of Anne Frank. London.
Goldhagen, D. 1998: Hitlers willige Vollstrecker. Ganz gewöhnliche Deutsche und der Holocaust. Berlin.
Göpfert, R. 1999: Der jüdische Kindertransport von Deutschland nach England 1938/39. Geschichte und Erinnerung. Frankfurt/a.M., New York.
Gossweiler, K. 1983: die Röhm-Affäre. Hintergründe, Auswirkungen, Zusammenhänge. Köln.
Gotto, K./K. Repgen (Hrsg.) 1990: Die Katholiken und das Dritte Reich (3. ergänzte und erweit. Aufl.). Mainz.
Graetz, H. 1996: Geschichte der Juden von den ältesten Zeiten bis auf die Gegenwart (Mit einem Vorwort von M. Reuven [11 Bde.]). Berlin.
Grafen, J. 1983: Widerstand und Verfolgung der Dinslakener Arbeiterbewegung unter dem Hakenkreuz. In: Stadtarchiv Dinslaken (Hrsg.), Dinslaken in der NS-Zeit. Vergessene Geschichte 1933 – 45. Kleve.
Graml, H. 1958: Der 9. November 1938. >>Reichskristallnacht<< Bonn.
Graus, Fr. 1997: Judenfeindschaft im Mittelalter. In: W. Benz/W. Bergmann (Hrsg.), Vorurteil und Völkermord. Entwicklungslinien des Antisemitismus (S. 35 – 69). Bonn.
Gritschneder, O. 1993: >>Der Führer hat sie zum Tode verurteilt...<<. Hitlers >>Röhm-Putsch-Morde<< vor Gericht. München.
Gruchmann, L. 1983: Blutschutzgesetz und Justiz. Zur Entstehung und Auswirkung des Nürnberger Gesetzes vom 15. September 1935. In: Vierteljahreshefte für Zeitgeschichte (31, S. 418 - 442).
Hauser, J. 1964: Das israelitische Waisenhaus (Heimatkalender). Dinslaken.
Hausner, G. 1979: Die Vernichtung der Juden. Das größte Verbrechen der Geschichte. München.

Literaturverzeichnis

Hehl, U. von 1993: Die Kirchen in der NS-Diktatur. Zwischen Anpassung, Selbstbehauptung und Widerstand. In: K.D. Bracher/M. Funke/H.-A. Jacobsen (Hrsg.), Deutschland 1933 - 1945. Neue Studien zur nationalsozialistischen Herrschaft (Schriftenreihe Studien zur Geschichte und Politik, Bd. 314, S. 153 - 181). Bonn.
Heiber, H. 1957: Der Fall Grünspan. In: Vierteljahreshefte für Zeitgeschichte (5, S. 134 - 172).
Heiber, H. 1991: Universität unterm Hakenkreuz (Teil I: Der Professor im Dritten Reich. Bilder aus der akademischen Provinz). München.
Heiber, H. 1992: Universität unterm Hakenkreuz (Teil II, Bd. 1: Die Kapitulation der Hohen Schulen. Das Jahr 1933 und seine Themen). München.
Heiber, H. 1994: Universität unterm Hakenkreuz (Teil II, Bd. 2: Die Kapitulation der Hohen Schulen. Das Jahr 1933 und seine Themen). München.
Heid, L. 1994: Die Ausweisung von „Ostjuden" aus dem Ruhrgebiet. In: A. Herzig et al. (Hrsg.), Verdrängung und Vernichtung der Juden in Westfalen (S. 29 - 43). Münster.
Heid, L. 1998: Nächstes Jahr in Jerusalem. Der Traum vom jüdischen Staat. In: H. Lichtenstein/O.R. Romberg (Hrsg.), Fünfzig Jahre Israel: Vision und Wirklichkeit (Bundeszentrale für politische Bildung, Bd. 353, S. 11 - 24). Bonn.
Heinz, W.R. 1991: Berufliche und betriebliche Sozialisation. in: K. Hurrelmann/D. Ulich (Hrsg.), Neues Handbuch der Sozialisationsforschung (4., völlig neubearb. Aufl., S. 397 – 415). Weinheim, Basel.
Hellfeld, M. von/A. Klönne 1987: Die betrogene Generation. Jugend im Faschismus - Quellen und Dokumente (2. Aufl). Bonn.
Help-Report e.V. 1999: Fakten über drei Diktaturen. Berlin.
Hersh, S.M. 1991: Atommacht Israel. Das geheime Vernichtungspotential im Nahen Osten (Aus dem Amerikanischen von Hans Bangerter, Gabriele Burkhardt und Karlheinz Dürr). München.
Herz, Y.S. (o.J.): Kristallnacht im Dinslakener Waisenhaus. Erinnerungen (Msk. aus dem Bestand von Susi Herz). Rechovot.
Herz, Y.S. 1981: Meine Erinnerungen an Bad Homburg und seine 600jährige jüdische Gemeinde 1335 – 1942. Rechovot/Israel.
Herz, Y.S. 1987: Fast 50 Jahre sind vergessen. Kristallnacht in Dinslaken am 10. November 1938 (hrsg. von der Stadt Dinslaken). Dinslaken.
Hilberg, R. 1999: Die Vernichtung der europäischen Juden. Die Gesamtgeschichte des Holocaust (3 Bde., 9. Aufl.). Frankfurt/a.M.
Höhne, H. 1969: Der Orden unter dem Totenkopf. Die Geschichte der SS. Frankfurt/a.M.
Höhne, H. 1984: Mordsache Röhm. Hitlers Durchbruch zur Alleinherrschaft 1933 - 1934. Reinbek bei Hamburg.
Höß, R. 1978: Kommandant in Auschwitz. Autobiographische Aufzeichnungen (hrsg. von M. Broszat, Neuaufl.). München.
Holliday, L. 1995: Children in the Holocaust and World War II. Their secret diaries. New York, London, Toronto, Sydney, Tokyo, Singapore.
Hughes, Th.P. 1995: Lexikon des Islam. Wiesbaden.
Hürten, H. (Hrsg.) 1969: Deutsche Briefe 1934 - 1938 (Bd. 1: 1934 - 1935; Bd. 2: 1936 - 1938 und Register; Veröffentlichungen der Kommission für Zeitgeschichte). Paderborn.
Hürten, H. 1992: Deutsche Katholiken 1918 - 1945. Paderborn.
Israelisches Informationszentrum (Hrsg.) 1995: Zionismus. Jerusalem.
Jäckel, E./P. Longerich/J.H. Schoeps 1998: Enzyklopädie des Holocaust. Die Verfolgung und Ermordung der europäischen Juden (Deutsche Ausgabe, 4 Bde., 2. Aufl., die Originalausgabe [Tel Aviv 1990] erschien parallel in Israel [Entsikopedja shel ha-shoa] und in den USA [Encyclopedia of the Holocaust]. München.

Jäckel, E./J. Rohwer (Hrsg.) 1985: Der Mord an den Juden im Zweiten Weltkrieg. Entschlußbildung und Verwirklichung. Stuttgart.

Jamin, M. 1981: Zur Rolle der SA im nationalsozialistischen Herrschaftssystem. In: G. Hirschfeld/L. Kettenacker (Hrsg.), Der Führerstaat: Mythos und Realität. Studien zur Struktur und Politik des Dritten Reiches (S. 329 - 360). Stuttgart.

Jessen; N.N./P. Ginter 1998: ... und trotzdem eine Nation. In: GEO Spezial (Israel, Nr. 4, S. 48 - 53). Hamburg.

Jochmann, W. 1971: Die Ausbreitung des Antisemitismus. In: W.E. Mosse (Hrsg.), Deutsches Judentum in Krieg und Revolution 1916 - 1923 (S. 409 - 510). Tübingen.

Kalthoff, J./M. Werner 1998: Die Händler des Zyklon B. Tesch & Stabenow - eine Geschichte zwischen Hamburg und Auschwitz. Hamburg.

Kaufmann, G. 1997: Jugendbewegung im 20. Jahrhundert. Ein Kapitel ihrer Geschichte im Rückblick: Hitlerjugend. Berlin.

Kaul, Fr. K. 1965: Der Fall Herschel Grynszpan. Berlin/Ost.

Kershaw, I. 1998: Hitler 1889 - 1936 (Aus dem Englischen von J.P. Krause und J.W. Rademacher, 2. Aufl.). Stuttgart

Kershaw; I. 1981: The Persecution of the Jews and the German Popular Opinion in the Third Reich. In: Leo Baeck Institute Yearbook (26, S. 261 - 289).

Kierkegaard, S. 1955: Die Wiederholung. Düsseldorf.

Klemperer, V. 1996: Leben sammeln, nicht fragen wozu und warum. Tagebücher 1918 - 1932 (hrsg. und mit einem Nachwort von W. Nowojski). Berlin.

Klemperer, V. 1999: Ich will Zeugnis ablegen bis zum letzten. Tagebücher 1933 - 1945. (hrsg. von W. Nowojski unter Mitarbeit von H. Klemperer). Berlin.

Klönne, A. 1993: Jugend im Dritten Reich. In: K.D. Bracher/M. Funke/H.-A. Jacobsen (Hrsg.), Deutschland 1933 - 1945. Neue Studien zur nationalsozialistischen Herrschaft (Schriftenreihe Studien zur Geschichte und Politik, Bd. 314, S. 218 - 239). Bonn.

Klönne, A. 1995: Jugend im Dritten Reich. Die Hitler-Jugend und ihre Gegner. München.

Koch, H.W. 1975: Geschichte der Hitlerjugend. Starnberg.

Kochan, L. 1957: Pogrom November 10 1938. London.

Kogon, E. 1974: Der SS-Staat. Das System der deutschen Konzentrationslager. München.

Kogon, E./H. Langbein/A. Rückerl et al. (Hrsg.) 1983: Nationalsozialistische Massentötungen durch Giftgas. Frankfurt/a.M.

Kohrs, P. 1983: Kindheit und Jugend unter dem Hakenkreuz. Nationalsozialistische Erziehung in Familie, Schule und Hitlerjugend. Stuttgart

Kolatch, A. 1999: Jüdische Welt verstehen. Sechshundert Fragen und Antworten (4. Aufl.). Wiesbaden.

Kraßnigg, A. 1983: Juden in Dinslaken. In: Stadtarchiv Dinslaken (Hrsg.), Dinslaken in der NS-Zeit. Vergessene Geschichte 1933 – 45 (S. 89 – 113). Kleve.

Krockow, Chr. Graf von 1999: Churchill. Eine Autobiographie des 20. Jahrhunderts. Hamburg.

Lamm, H. 1984: Die Juden im >>Dritten Reich<<. In: H. Pleticha: Deutsche Geschichte in 12 Bänden (Bd. 11: Republik und Diktatur, S.302 - 324). Gütersloh.

Landau, E. (Hrsg.) 1961: Der Kastner-Bericht über Eichmanns Menschenhandel in Ungarn. München.

Lang, J. 1982: Das Eichmann-Protokoll. Tonbandaufzeichnungen der israelischen Verhöre. Berlin.

Lange, de Chr. 1984: Weltatlas der Alten Kulturen. Jüdische Welt (Original: Atlas of the Jewish World. Aus dem Englischen übertragen von H. Fliessbach und G. Wilhelm, Oxford 1984). München.

Lange, H. 1921: Lebenserinnerungen. Berlin.

Literaturverzeichnis

Lange, H. 1928: Kampfzeiten (2 Bde.). Berlin.
Lauber, H. 1981: Judenpogrom. >>Reichskristallnacht<< November 1938 in Großdeutschland. Daten, Fakten, Dokumente, Quellentexte, Thesen und Bewertungen. Gerlingen.
Lenk, K. (Hrsg.) 1984: Ideologie, Ideologiekritik und Wissenssoziologie (9. Aufl.). Frankfurt/a.M.
Leo Baeck Institut (Hrsg.) 1997: Wege im Judentum. Aufsätze und Reden (Leo Baeck Werke). Gütersloh.
Lepsius, M.R. 1993: In: M. Jeismann/H. Ritter (Hrsg.), Grenzfälle. Über den neuen und alten Nationalismus (S. 193 – 214). Leipzig.
Less, A.L. 1987: Schuldig. Das Urteil gegen Adolf Eichmann. Frankfurt/a.M.
Leuchter, Fr. A. 1989: The Leuchter Report. The First Forensic Examination of Auschwitz. London.
Lewy, G. 1965: Die katholische Kirche und das Dritte Reich (Aus dem Amerikanischen von H. Schulz). München.
Lieber, H.-J. 1985: Ideologie. Eine historisch-systematische Einführung. Paderborn.
Lindwer, W. 1993: Anne Frank. Die letzten sieben Monate. Augenzeugen berichten. Frankfurt/a.M.
Longerich, P. 1989: Die braunen Bataillone. Geschichte der SA. München.
Longerich, P. 1998: Politik der Vernichtung. Eine Gesamtdarstellung der nationalsozialistischen Judenverfolgung. München.
Ludwig, J. (o.J.): Boykott - Enteignung - Mord. Die >>Entjudung<< der deutschen Wirtschaft. München.
Luhmann, N. 1984: Soziologische Aufklärung. Aufsätze zur Theorie sozialer Systeme (Bd. 1, 5. Aufl.). Opladen.
Lustiger, A. 1994: Zum Kampf auf Leben und Tod! Vom Widerstand der Juden 1933 - 1945. Köln.
Lutz, W. 1988: Ideologie und Wissenschaft in der Sportsoziologie der DDR. Eine Untersuchung über die politische Instrumentalisierung einer Zweigsoziologie in real existierenden Sozialismus. In: D. Voigt/M. Messing (Hrsg.), Beiträge zur Deutschlandforschung (Band 3). Bochum.
Maarsen, J. van 1996: My Friend Anne Frank. New York.
Marrus, M.R. (Hrsg.) 1989: The Nazi Holocaust. Historical Articles on the Destruction of European Jews (9. Bde.). Westport, London.
Maser, W. 1988: Nürnberg - Tribunal der Sieger. Düsseldorf.
Maurer, Tr. 1988: Die Ausweisung der polnischen Juden und der Vorwand für die „Kristallnacht". In: W.H. Pehle (Hrsg.), Der Judenpogrom 1938. Von der „Kristallnacht" zum Völkermord (S. 52 - 73). Frankfurt/a.M.
McAleavy, T. 1998: The Arab-Israeli Conflict. Cambridge.
Meed, Vl. 1999: Deckname Vladka. Eine Widerstandskämpferin im Warschauer Ghetto (Aus dem Amerikanischen von S. Krämer). Hamburg.
Meier, K. 1992: Kreuz und Hakenkreuz. Die evangelische Kirche im Dritten Reich. München.
Meja, V./N. Stehr (Hrsg.) 1982: Der Streit um die Wissenssoziologie (2 Bände). Frankfurt/a.M.
Mejcher, H./A. Schölch (Hrsg.) 1981: Die Palästina-Frage 1917 - 1948. Paderborn.
Meyer, M.A. 1992: Jüdische Identität in der Moderne (Aus dem Amerikanischen von R. Frank-Strauss). Frankfurt/M.
Meyer, M.A. 1994 a: Von Moses Mendelssohn zu Leoplod Zunz - Jüdische Identität in Deutschland 1749 - 1824 (Aus dem Englischen von E.P. Wieckenberg). München.
Meyer, M.A. 1994 b: Antwort auf die Moderne. Geschichte der Reformbewegung im Judentum (Aus dem Englischen von M.Th. Pittner). Wien.
Mitscherlich, A./F. Mielke 1960: Medizin ohne Menschlichkeit. Frankfurt/a.M.
Mommsen, H. 1966: Beamtentum im Dritten Reich. Stuttgart.

Vergessen kann man es nie.....

Mommsen, H. 1983: Die Realisierung des Utopischen: Die >>Endlösung der Judenfrage im Dritten Reich<<. In: Geschichte und Gesellschaft (9, S. 381 - 420).
Morsch, G. (Hrsg.) 1996: Von der Erinnerung zum Monument. Die Entstehungsgeschichte der nationalen Mahn- und Gedenkstätte Sachsenhausen. Berlin.
Morsch, G. 1998: Oranienburg – Sachsenhausen. Sachsenhausen – Oranienburg. In: U. Herbert/K. Orth/Chr. Dieckmann (Hrsg.), Die nationalsozialistischen Konzentrationslager. Entwicklung und Struktur (Bd. 1, S. 111 – 134). Göttingen.
Müller, H. 1965: Katholische Kirche und Nationalsozialismus. München.
Müller, M. 1998: Das Mädchen Anne Frank. Die Biographie (Mit einem Nachwort von Miep Gies). München.
Niederländisches Staatliches Institut für Kriegsdokumentation (Hrsg.) 1993: Die Tagebücher der Anne Frank (Aus dem Niederländischen von M. Pressler). Frankfurt/a.M.
Niemöller, G. 1984: Die erste Bekenntnissynode der Deutschen Evangelischen Kirche zu Barmen (Bd. 1: Geschichte, Kritik und Bedeutung der Synode und ihrer theologischen Erklärung, 2. Aufl.). Göttingen.
Niemöller, M. 1979: Briefe aus der Gefangenschaft. Konzentrationslager Sachsenhausen (Oranienburg) (hrsg. von W. Niemöller). Bielefeld.
Niemöller, W. (Hrsg.) 1949: Lebensbilder aus der Bekennenden Kirche. Bielefeld.
Niemöller, W. 1958: Die zweite Bekenntnissynode der Deutschen Evangelischen Kirche zu Dahlem. Göttingen.
Niemöller, W. 1961: Aus dem Leben eines Bekenntnispfarrers. Bielefeld.
Nolte, E. 1995. Vergangenheit, die nicht vergehen will. Eine Rede, die geschrieben, aber nicht gehalten werden konnte. In: Historikerstreit. Die Dokumentation der Kontroverse um die Einzigartigkeit der nationalsozialistischen Judenvernichtung (9. Aufl., S. 39 - 47). München.
Norden, G. van 1963: Kirche in der Krise. Düsseldorf.
Norden, G. van 1979: Der deutsche Protestantismus im Jahre der nationalsozialistischen Machtergreifung. Gütersloh.
Norden, G. van 1994: Widerstand der Kirchen in der NS-Zeit. In: W. Benz (Hrsg.), Lexikon des Deutschen Widerstandes (S. 68 - 82). Frankfurt/a.M.
NRZ vom 4. Juli 2001: Europarat wirft Deutschland Rassismus vor (54. Jg., Nr. 152, S. 1). Essen.
Paape, H. von et al. 1988: Die Tagebücher der Anne Frank (Einführung von H. Paape/G. van der Stroom/D. Barnouw. Mit einer Zusammenfassung des Berichts des Gerichtslaboratoriums des Justizministeriums. Aus dem Niederländischen von M. Pressler). Frankfurt/a.M.
Pappe, I. 1998: Von Lausanne nach Oslo. Zur Geschichte des israelisch-palästinensischen Konflikts. In: Aus Politik und Zeitgeschichte. Beilage zur Wochenzeitung Das Parlament (48. Jg., B 14, S. 30 - 38). Bonn.
Pätzold, K. (Hrsg.) 1983: Verfolgung, Vertreibung, Vernichtung. Dokumente des faschistischen Antisemitismus 1933 bis 1942. Leipzig.
Pätzold, K. 1975: Faschismus, Rassenwahn, Judenverfolgung. Eine Studie zur politischen Strategie und Taktik des faschistischen deutschen Imperialismus 1933 - 1935. Berlin/Ost.
Pätzold, K. 1982: Der historische Platz des antijüdischen Pogroms von 1938. Zu einer Kontroverse. In: Jahrbuch für Geschichte (Bd. 26, S. 193 - 216). Berlin/Ost.
Pätzold, K./E. Schwarz 1992: Tagesordnung: Judenmord. Die Wannsee-Konferenz am 20. Januar 1942. Eine Dokumentation zur Organisation Der >Endlösung<. Berlin.
Patzwall, K.D. 1988: Die Hitlerjugend im Spiegel ihrer Dokumente 1932 - 1945 (2. Aufl.). Norderstedt.
Paucker, A. (Hrsg.) 1986: Die Juden im nationalsozialistischen Deutschland 1933 - 1943. Tübingen.

Literaturverzeichnis

Pauli, W. 1992: Die Wissenschaft und das abendliche Denken. In: H.-P. Dürr (Hrsg.), Physik und Transzendenz. Die großen Physiker unseres Jahrhunderts über ihre Bemühungen mit dem Wunderbaren (6. Aufl. der Sonderausgabe, S. 193 - 205). Bern, München, Wien.

Pehle, W.H. (Hrsg.) 1988: Der Judenpogrom 1938. Von der >>Reichskristallnacht<< zum Völkermord. Frankfurt/a.M.

Pelinka, A. (Hrsg.) (1981): Ideologien im Bezugsfeld von Geschichte und Gesellschaft. Innsbruck.

Phelps, R.H. 1968: Hitlers grundlegende Rede über den Antisemitismus. In: Vierteljahreshefte für Zeitgeschichte (16, S. 390 - 420).

Pietschmann, H. 1997: Die Vertreibung der Juden aus Spanien im Jahre 1492. In: W. Benz/W. Bergmann (Hrsg.), Vorurteil und Völkermord. Entwicklungslinien des Antisemitismus (S. 35 – 69). Bonn.

Piper, E. 1991: Estimating the Number of Deportees.

Pleticha, H. (Hrsg.) 1984: Deutsche Geschichte in 12 Bänden (Bd. 11: Republik und Diktatur 1918 – 1945). Gütersloh.

Pleticha, H. (Hrsg.) 1990: Weltgeschichte in 14 Bänden (Bd. 11: Diktatoren und Ideologien. Die Welt zwischen den Kriegen). Gütersloh.

Ploetz 1984: Große illustrierte Weltgeschichte in 8 Bänden (Bd. 5: Das Zeitalter der Weltkriege). Würzburg.

Poliakov, L. 1988: Geschichte des Antisemitismus (Aus dem Französischen von R. Pfisterer). Frankfurt/a.M.

Poliakow, L./J. Wulf 1955: Das Dritte Reich und die Juden. Berlin.

Popper, K. R. (1984 [1934]): Logik der Forschung (8. Aufl.). Tübingen.

Popper, K. R. (1984 [1973]): Objektive Erkenntnis. Ein evolutionärer Entwurf. Mit einem Nachwort von Helmut Schmidt. (Dt. Fassung der 4. verb. und erg. Aufl.). In: J. Fest/W. J. Siedler (Hrsg.), Klassiker des modernen Denkens. Gütersloh.

Posner, G.L./J. Ware 1986: Mengele. The Complete Story. New York.

Pressac, J.-C. 1989: Auschwitz. Technique and Operation of the Gas Chambers. New York.

Reitlinger, G. 1956: Die Endlösung. Berlin.

Röder, W. 1992: Die Emigration aus dem nationalsozialistischen Deutschland. In: K.J. Bade (Hrsg.), Deutsche im Ausland - Fremde in Deutschland. Migration in Geschichte und Gegenwart (S. 345 - 367). München.

Rogasky, B. 1999: Der HolocauST. Ein Buch für junge Leser (Aus dem Amerikanischen und mit einem Nachwort von A. Posener). Berlin.

Roizen, R. 1986: Herschel Grynszpan. The Fate of a Forgotten Assassin. In: Holocaust and Genocide Studies (1/1986, S. 217 - 228).

Rosenkranz, H. 1968: >>Reichskristallnacht<< 9. November 1938 in Österreich. Wien, Frankfurt/a.M., Zürich.

Rosh, L./E. Jäckel 1991: >>Der Tod ist ein Meister aus Deutschland<<. Deportation und Ermordung der Juden. Kollaboration und Verweigerung in Europa. Hamburg.

Rothschild, L. 1935: Aus der Geschichte des Hauses. In: Das Kuratorium des Isreal. Waisenhauses Dinslaken (Hrsg.), Israelitisches Waisenhaus zu Dinslaken 1885 – 1935 (S. 4 – 10). Dinslaken.

Rothschild, L. 1935: Unsere pädagogischen Ziele und Methoden. In: Das Kuratorium des Isreal. Waisenhauses Dinslaken (Hrsg.), Israelitisches Waisenhaus zu Dinslaken 1885 – 1935 (S. 13 - 15). Dinslaken.

Rothschild, S. 1935: Statistisches: In: Das Kuratorium des Isreal. Waisenhauses Dinslaken (Hrsg.), Israelitisches Waisenhaus zu Dinslaken 1885 – 1935 (S. 11 - 12). Dinslaken.

Rüdiger, J. 1997: Die Hitlerjugend und ihr Selbstverständnis. Beltheim.

Vergessen kann man es nie.....

Rummel, R.J. 1997: ‚DEMOZID' - der befohlene Tod. Massenmorde im 20. Jahrhundert (Mit einem Vorwort von Yehuda Bauer, Yad Vashem). Münster.
Rürup, R. (Hrsg.) 1987: Topographie des Terrors. Gestapo, SS und Sicherheitshauptamt auf dem >Prinz-Albrecht-Gelände<. Eine Dokumentation (11. verbess. Aufl.). Berlin.
Schirach, B. von 1967: Ich glaubte an Hitler. Hamburg.
Schnabel, E. 1958: Anne Frank. Spur eines Kindes. Frankfurt/a.M, Hamburg.
Schoenberner, G. (Hrsg.) 1962: Wir haben es gesehen. Augenzeugenberichte über Terror und Judenverfolgung im Dritten Reich. Hamburg.
Schoeps, J. H. 1989: Nazis und Zionisten. In: Die Zeit vom 13.10.1989 (S. 31).
Schoeps, J.H./J. Schlör (Hrsg.) 1996: Antisemitismus. Vorurteile und Mythen (2. Aufl.). München.
Scholder, K. (Hrsg.) 1982: Protokolle aus dem geistigen Deutschland 1922 - 1944 (2. Aufl.). Berlin.
Scholder, K. 1988: Die Kirchen zwischen Republik und Gewaltherrschaft. Gesammelte Aufsätze (hrsg. von K.O. von Aretin und G. Besier). Berlin.
Scholder, K. 1998: Die Kirchen und das Dritte Reich (2 Bde.).
Schubert-Weller, Chr. 1993: Vom „Jungsturm Adolf Hitler" zur Staatsjugend des Dritten Reiches. Weinheim.
Sofsky, W. 1993: Die Ordnung des Terrors. Das Konzentrationslager. Frankfurt/a.M.
Solomon, N. 1996: Judaism. A Very Short Introduction. Oxford, New York.
Stadtarchiv Dinslaken (Hrsg.) 1983: Dinslaken in der NS-Zeit. Vergessene Geschichte 1933 – 45. Kleve.
Stein, L. 1942: I Was in Hell with Niemoeller. New York.
Steinbach, P. 1983: Politische Herrschaft durch >>Gleichschaltung<<. Terror, Angst und Anpassung in den Jahren 1933/34. In: K. Mergele (Hrsg.), Warum gerade die Nationalsozialisten (S. 196 – 238). Berlin.
Steinkamp, G. 1991: Sozialstruktur und Sozialisation. In: K. Hurrelmann/D. Ulich (Hrsg.), Neues Handbuch zur Sozialisationsforschung (4., völlig neubearb. Aufl., S. 251 - 277). Weinheim, Basel.
Strauss, H.A./N. Kampe (Hrsg.) 1985: Antisemitismus. Von der Judenfeindschaft zum Holocaust. Frankfurt/a.M., New York.
Swarsensky; H. 1988: Transport nach Polen (1938). In: Bulletin des Leo Baeck Instituts (81, S. 27 - 30).
Sympathie Magazin 1991: Israel verstehen (Nr. 22). München.
Sympathie Magazin 1997: Judentum verstehen (Nr. 38). München.
Thalmann, R./E. Feinermann 1987: Die Kristallnacht. Frankfurt/a.M.
Tofahrn, K.W. (1998): Alter – Freizeit – Sport. Frankfurt(M., Berlin, Bern, New York, Paris, Wien.
Tofahrn, K.W. 1997: Soziale Schichtung im Sport. Eine theoretische und empirische Reflexion. Frankfurt/a.M., Berlin, Bern, New York, Paris, Wien.
Tofahrn, K.W. 2001: Eine kleine deutsche Zeitgeschichte 1930 - 1949. Daten – Fakten – Kommentare. Mit Anmerkungen zum internationalen Zeitgeschehen und Dokumenten. (erscheint vorauss. in 2001/02).
Tohermes, K./J. Grafen 1987: Leben und Untergang der Synagogengemeinde Dinslaken. Dinslaken.
Tophoven, R. 1995 a: Die Geschichte des jüdischen Staates. In: Bundeszentrale für politische Bildung (Hrsg.), Israel. Geschichte, Wirtschaft, Gesellschaft (Heft 247, S. 3 - 8). Bonn.
Tophoven, R. 1995 b: Erste Jahrzehnte des Nahostkonflikts. In: Bundeszentrale für politische Bildung (Hrsg.), Israel. Geschichte, Wirtschaft, Gesellschaft (Heft 247, S. 9 - 14). Bonn.
Tophoven, R. 1999: Der israelisch-arabische Konflikt. In: Kontrovers (hrsg. von der Bundeszentrale für politische Bildung, 5. aktualisierte Aufl.). Bonn.
Vogelsang, Th. 1965: Reichswehr, Staat und NSDAP. Stuttgart.

Literaturverzeichnis

Weinzierl, E. 1969: Zu wenig Gerechte. Österreicher und Judenverfolgung 1938 - 1945, Innsbruck.
Weiss, Y. 1994: „Ostjuden" in Deutschland als Freiwild. Die nationalsozialistische Außenpolitik zwischen Ideologie und Wirklichkeit. In: Tel Aviver Jahrbuch für deutsche Geschichte (XXIII, S. 215 - 232).
Wiesel, E. 1996: Die Nacht. Freiburg im Breisgau.
Wolffsohn, M. 1998: 50 Jahre Israel: Versuch einer historischen Bilanz. In: Aus Politik und Zeitgeschichte. Beilage zur Wochenzeitung Das Parlament (48. Jg., B 14, S. 3 - 10). Bonn.
Wortmann, M. 1989: Baldur von Schirach - Studentenführer, Hitlerjugendführer, Gauleiter in Wien. In: R. Smelser und R. Zitelmann (Hrsg.), Die braune Elite. 22 biographische Skizzen (S. 246 - 257). Darmstadt.
Wurmbrand, M./C. Roth 1999: Das Volk der Juden. Eine Universalgeschichte. Frechen.
Yablonka, H. 2001: Nazi-Prozesse und Holocaust-Überlebende. Israel 1950 – 1957. In: Fritz Bauer Institut (Hrsg.), >>Gerichtstag halten üer uns selbst...<< Geschichte und Wirkung des ersten Frankfurter Auschwitz-Prozesses (Jahrbuch 2001 zur Geschichte und Wirkung des Holocaust, S. 277 – 292). Frankfurt/a.M.
Yahil, L. 1990: The Holocaust. The Fate of European Jewry 1932 - 1945. New York, Oxford.
Zimmerman, M./Y. Rieker 1998: Von der rechtlichen Gleichstellung bis zum Genozid. In: M. Zimmermann (Hrsg.), Geschichte der Juden im Rheinland und Westfalen (Schriften zur politischen Landeskunde Nordrhein-Westfalens, Bd. 11, hrsg. von der Landeszentrale für politische Bildung Nordrhein Westfalen, S. 141 – 259). Köln, Stuttgart, Berlin.
Zimmermann, M. 1992: Feindschaft gegen Fremde und moderner Rassismus: Robert Ritters 'Rassenhygienische Forschungstelle'. In: K.J. Bade (Hrsg.), Deutsche im Ausland - Fremde in Deutschland. Migration in Geschichte und Gegenwart (S. 333 - 344). München.
Zimmermann, M. 1996: Rassenutopie und Genozid. Die nationalsozialistische >>Lösung<< der Zigeunerfrage. Hamburg.
Zuckermann, M. 1998: Der Kampf um die Seele Israels. Brüche, Kontroversen, Zwietracht: Im 50. Jahr seines Bestehens ist der jüdische Staat von inneren und äußeren Konflikten zerrissen. In: GEO. Das neue Bild der Erde (Nr. 5, S. 64 - 67). Hamburg.

Peter Lang · Europäischer Verlag der Wissenschaften

Krieg, Frieden und Demokratie

Festschrift für Martin Vogt zum 65. Geburtstag
Herausgegeben von Christof Dipper, Andreas Gestrich und Lutz Raphael

Frankfurt/M., Berlin, Bern, Bruxelles, New York, Oxford, Wien, 2001. 272 S., 4 Abb.
ISBN 3-631-37838-6 · br. DM 89.– / € 45.50*

Die 17 Studien des Bandes beschäftigen sich mit zwei Kernproblemen der politischen Geschichte Deutschlands zwischen der Revolution von 1848 und dem demokratischen Neubeginn 1945: Neben Beiträgen zur historischen Friedensforschung über die innen- und außenpolitischen Belastungen und Folgen der Kriege, die das Deutsche Reich führte, versammelt der Band Studien zu den liberalen bzw. demokratischen Traditionen und ihren politischen Gegenkräften in Deutschland.
Beide Themen fließen zusammen in sieben Beiträgen, die sich mit den Zusammenhängen beider Weltkriege und der NS-Diktatur beschäftigen.

Aus dem Inhalt: C. Dipper: Ortsbestimmung der Gegenwart. „Revolution" im Begriffsarsenal der Paulskirche · D. Schott: Zug zur Freiheit? Verkehr und Kommunikation in der Revolution 1848/49 · B. Bouvier: Revolutionserinnerung und „soziale" Demokratie. Zur Tradition von 1848 im 19. und 20. Jahrhundert · T. Koops: Volker Ronge, Revolutionär im religiösen Gewand · K. O. v. Aretin: Georg Arbogast Freiherr von und zu Franckenstein – Der Gegenspieler und Freund Windthorsts · R. Munting: Contrasts in Political Economy: Britain, Germany and the International Sugar Economy before 1914 · W. Michalka: „Wir müssen unsere Wiedergeburt in uns selbst finden." Rathenau über Krieg und Katastrophe, Einkehr und Friedenswege · G. Krumeich: Hitler in der Menge · D. Blackbourn: „Die meisten von ihnen haben Räder". Kraftfahrzeuge und der Aufstieg des Nationalsozialismus · K. Holl: Der lange Weg zur französischen Staatsbürgerschaft: Alfred Falk (1896–1951) im Exil in Frankreich · J. Henke: Die archivalischen Quellen der NS-Verbrechen. Erfassung, Bewertung und Umgang in historisch-politischer Verantwortung · M. Cattaruzza: Aussiedlungen im Europa des 20. Jahrhunderts · L. Raphael: Zweierlei Kriegseinsatz: Amerikanische und deutsche Psychologen im 2. Weltkrieg · H. Durchhardt: Zur Organisation der Friedensforschung in der Bundesrepublik Deutschland: Der Arbeitskreis für historische Friedensforschung · A. Gestrich: Die Haager Friedenskonferenzen und die deutsche Presse · W. Werner: Kriegsverhütung und Friedenssicherung in den Beratungen des Parlamentarischen Rates · S. Förster: Der Vernichtungsgedanke in der militärischen Tradition des Deutschen Kaiserreichs. Überlegungen zum Problem der historischen Kontinuität · M. Vogt: Schriftenverzeichnis

Frankfurt/M · Berlin · Bern · Bruxelles · New York · Oxford · Wien
Auslieferung: Verlag Peter Lang AG
Jupiterstr. 15, CH-3000 Bern 15
Telefax (004131) 9402131

*inklusive der in Deutschland gültigen Mehrwertsteuer
Preisänderungen vorbehalten
Homepage http://www.peterlang.de